INGLÉS A LA CARTA

MANUAL DE INGLÉS PARA IMPULSAR TU CARRERA EN EL SECTOR DE LA RESTAURACIÓN Y LA HOSTELERÍA

LA GUÍA DEFINITIVA CON TODO LO QUE NECESITA EL CAMARERO HISPANOHABLANTE PARA SERVIR AL CLIENTE INTERNACIONAL

CONTACTO: inglesalacarta@yahoo.com

ISBN: 9798710119167

Para Dilia, Diana y Diego

Gracias por vuestro amor,

apoyo y paciencia.

ÍNDICE

CAPÍTULO 5. <u>La Secuencia de Servicio</u>

Acerca de éste Manual

Éste manual ha sido diseñado para ser la herramienta más completa en el proceso de formación del camarero para su manejo en la lengua inglesa para ejercer sus funciones en el Restaurante, y es fruto de nuestros años de experiencia como **Formadores de Inglés** en diferentes Centros de Formación y Restaurantes.

De nuestra experiencia podemos asegurar que un dominio de las expresiones y frases que se emplean durante la Secuencia de Servicio permitirá al profesional del servicio tener la confianza necesaria para desarrollar su tarea con la mejor actitud y profesionalismo, cuando atienda a un cliente internacional. Un buen servicio causa una muy buena impresión en el cliente, cosa que agradece a base de buenas propinas y mejores reseñas en internet. Bueno para el negocio y bueno para el camarero.

Tener la habilidad y los recursos para manejar el Servicio con clientes internacionales en inglés hará que el camarero aumente el potencial de su carrera como profesional, pudiendo optar a puestos de trabajo mejor remunerados y de amplia proyección internacional. El trabajo de camarero cualificado con inglés está cada vez más demandado, y es un requisito indispensable para muchos puestos de trabajo tanto en España como en Latinoamérica, Europa y Estados Unidos.

Éste libro contiene una exhaustiva recopilación de diferentes combinaciones de frases y opciones según las distintas situaciones reales que un camarero puede encontrarse durante la Secuencia de Servicio. Lo cual unido a un listado completo de alimentos, bebidas, utensilios de cocina, cubertería, vajilla y cristalería lo convierte en un manual indispensable para cualquier camarero que quiera aprender o mejorar su nivel de inglés para poder hacer frente al desafío de atender de una manera óptima al cliente internacional, y que se sienta como en casa.

Estamos seguros que os será de gran utilidad y que os ayudará a dar un impulso a vuestra carrera en un entorno tan competitivo como el del restaurante. ¡Buen servicio!

NASH DELOY Y CRISTINA BALESTRINI. Madrid, Agosto 2021

SI QUIERES AMPLIAR TUS CONOCIMIENTOS, TAMBIÉN PUEDES ADQUIRIR NUESTRO VIDEOCURSO *"CURSO DE INGLÉS PARA CAMAREROS/MESONEROS HISPANOHABLANTES"*, EN EL CUAL APRENDERÁS DE MANERA PRÁCTICA TODA LA SECUENCIA DE SERVICIO, Y PODRÁS PRACTICAR LA PRONUNCIACIÓN DE LAS EXPRESIONES Y PALABRAS APRENDIDAS. ESCANEA EL SIGUIENTE CÓDIGO QR Y ACCEDE FÁCILMENTE DESDE AQUÍ:

CAPÍTULO 1

REPASO DE GRAMÁTICA INGLESA

VERBOS Y TERMINOLOGÍA BÁSICA EN EL ENTORNO DEL RESTAURANTE

LAS ESTRUCTURAS VERBALES EN INGLÉS

En el siguiente capítulo, vamos a realizar un repaso sencillo de la gramática inglesa fundamental para la creación de estructuras simples que sirven de base para la comunicación más básica en el idioma. También analizaremos los verbos que describen las acciones más utilizadas dentro del proceso del servicio en el restaurante.

CONJUGACIÓN DE LOS VERBOS

Los verbos se conjugan de acuerdo con 5 tiempos muy simples:

Infinitivo / ***INFINITIVE***

Presente / ***PRESENT***

Pasado Simple / ***PAST SIMPLE***

Pasado Participio / ***PAST PARTICIPLE***

Gerundio / ***GERUND o CONTINUOUS***.

Veamos el ejemplo del verbo **TO BE** (Ser o Estar). Es un verbo irregular, lo que significa que sus conjugaciones en pasado, difieren de la más sencilla de los Verbos Regulares a los que solamente hay que añadir -ED al tiempo presente, en ambas formas del pasado. La conjugación del verbo **To Be** es la siguiente:

INFINITIVO	PRESENTE	PASADO	PARTICIPIO	GERUNDIO
To Be	Am/Are/Is	Was/Were	Been	Being

Veamos la conjugación del mismo verbo en presente y en pasado:

PRESENTE / *PRESENT*

SINGULAR

1 Persona	Yo/**I**	**Am** (Soy)
2 Persona	Tú, Usted/**You**	**Are** (Eres)
3 Persona	El, Ella, Ello/**He, She, It**	**Is** (Es)

PLURAL

1 Persona	Nosotros/**We**	**Are** (Somos)
2 Persona	Vosotros, Ustedes/**You**	**Are** (Sois)
3 Persona	Ellos/**They**	**Are** (Son)

PASADO SIMPLE / *PAST SIMPLE*

SINGULAR

1 Persona	Yo/**I**	**Was** (Era)
2 Persona	Tú, Usted/**You**	**Were** (Eras)
3 Persona	El, Ella, Ello/**He, She, It**	**Was** (Era)

PLURAL

1 Persona	Nosotros / **We**	**Were** (Éramos)
2 Persona	Vosotros, Ustedes / **You**	**Were** (Érais)
3 Persona	Ellos / **They**	**Were** (Éran)

PASADO PARTICIPIO / *PAST PARTICIPLE*

SINGULAR

1 Persona	Yo / **I**	**Have Been** (He sido)
2 Persona	Tú, Usted / **You**	**Have Been** (Has sido)
3 Persona	El, Ella, Ello / **He, She, It**	**Has Been** (Ha sido)

PLURAL

1 Persona	Nosotros / **We**	**Have Been** (Hemos sido)
2 Persona	Vosotros, Ustedes / **You**	**Have Been** (Habéis sido)
3 Persona	Ellos / **They**	**Have Been** (Han sido)

NOTA: El Pasado Participio, se utiliza con el verbo auxiliar *TO HAVE* para formar los tiempos compuestos Present Perfect, Past Perfect (tanto en forma activa como en pasiva), Present Perfect Continuous y Past Perfect Continuous.

De la misma manera, utilizamos el Pasado Participio con el verbo auxiliar *TO BE* para formar la forma Pasiva, tanto en presente como en pasado. La explicación y ejemplos un poco más adelante en la sección de Verbos Auxiliares.

Veamos ahora la conjugación de un verbo regular, como el verbo **TO WORK** (Trabajar).

INFINITIVO	PRESENTE	PASADO	PARTICIPIO	GERUNDIO
To Work	Work	Worked	Worked	Working

Como vemos, ésta es la forma más sencilla de conjugar un verbo en inglés. La mayoría de verbos en inglés son regulares, pero hay una gran variedad de verbos irregulares imprescindibles para la comunicación básica, en los que nos vamos a centrar.

Sigamos con La conjugación del verbo To Work en presente, pasado y participio (o Present Perfect).

PRESENTE / *PRESENT*

SINGULAR

1 Persona	Yo / **I**	**Work** (Trabajo)
2 Persona	Tú, Usted / **You**	**Work** (Trabajas)
3 Persona	El, Ella, Ello / **He, She, It**	**Works** (Trabaja)

PLURAL

1 Persona	Nosotros / **We**	**Work** (Trabajamos)
2 Persona	Vosotros / **You**	**Work** (Trabajáis)
3 Persona	Ellos / **They**	**Work** (Trabajan)

PASADO SIMPLE / *PAST SIMPLE*

SINGULAR

1 Persona	Yo / **I**	**Worked** (Trabajé)
2 Persona	Tú / **You**	**Worked** (Trabajaste)
3 Persona	El, Ella, Ello / **He, She, It**	**Worked** (Trabajó)

PLURAL

1 Persona	Nosotros / **We**	**Worked** (Trabajamos)
2 Persona	Vosotros, Ustedes / **You**	**Worked** (Trabajásteis)
3 Persona	Ellos / **They**	**Worked** (Trabajaron)

PASADO PARTICIPIO / *PAST PARTICIPLE*

SINGULAR

1 Persona	Yo / **I**	**Have Worked** (He trabajado)
2 Persona	Tú / **You**	**Have Worked** (Has trabajado)
3 Pers.	El, Ella, Ello / **He, She, It**	**Has Worked** (Ha trabajado)

PLURAL

1 Persona	Nosotros / **We**	**Have Worked** (Hemos trabajado)
2 Persona	Vosotros / **You**	**Have Worked** (Habéis trabajado)
3 Persona	Ellos / **They**	**Have Worked** (Han trabajado)

Clasificación De Los Verbos:

Podemos dividir los verbos en inglés en 4 categorías básicas:

<u>Verbos Regulares, Irregulares, Auxiliares y Modales</u>. Ya hemos visto como se conjugan los verbos regulares e irregulares, y que describen la acción en una oración. Veamos las otras dos categorías y sus peculiaridades.

Verbos Auxiliares: Sirven para construir frases y acompañan a otro verbo principal. Existen 3 verbos auxiliares en inglés que necesitamos para construir frases negativas e interrogativas, y también se usan para la formación de algunos tiempos verbales compuestos.

NOTA: Además de utilizarse como verbos auxiliares, todos ellos se utilizan por sí solos como Verbos Irregulares.

Los verbos auxiliares son:

- **TO BE**
- **TO HAVE**
- **TO DO**

Usos y Ejemplos

TO BE

Es el verbo SER o ESTAR, y se utiliza como auxiliar en la formación de:

- **FORMAS VERBALES CONTINUAS:**

<u>Presente</u>
The waiter **is taking** the order.

(*El camarero* **está tomando** *la comanda*)

<u>Pasado</u>

The waiter **was cleaning** the table.

(*El camarero **estaba limpiando** la mesa*)

- **FORMAS VERBALES PASIVAS:**

<u>Presente</u>

Bread **is baked** in the oven.

(*El pan **está horneado (hecho)** en el horno*)

<u>Pasado</u>

The restaurant **was renovated** last year.

(*El restaurante **fue reformado** el año pasado*)

TO HAVE

Es el verbo TENER, y la fórmula para su formación es usando el verbo TO HAVE + PAST PARTICIPLE, usando la 3 persona del singular (HAS) cuando sea necesario. Se utiliza como auxiliar en la formación de los siguientes tiempos verbales:

- <u>PRESENT PERFECT:</u>

HAVE/HAS + PAST PARTICIPLE
I **have been** in Marbella many times. (1 Pers. Singular)

(***He estado** en Marbella muchas veces*)

He **has studied** English before. (3 Pers. Singular)

(*Él **ha estudiado** inglés antes*)

- <u>PRESENT PERFECT CONTINUOUS:</u>

HAVE/HAS + BEEN + GERUND
You **have been working** as a waiter for 3 years.

(***Llevas trabajando** como camarero 3 años*)

- <u>PAST PERFECT CONTINUOUS:</u>

HAD + BEEN + GERUND
We **had been studying** all night when we she called.

(***Habíamos estado estudiando** toda la noche cuando llamó*)

- <u>PAST PERFECT:</u>

HAD + PAST PARTICIPLE
The kitchen **had closed** when they arrived.

(*La cocina **había cerrado** cuando ellos llegaron*)

TO DO

Es el verbo HACER (por regla general usamos TO DO cuando hacemos cualquier cosa que no implique elaborar algo con las manos.En caso contrario utilizamos TO MAKE).

Se usa como auxiliar en:

- FRASES INTERROGATIVAS:

Present

Do you **live** here? / **Does** she **live** here?

(¿*Vives* aquí? / ¿*Vive* ella aquí?)

Past Simple: **(DID + INFINITIVO)**

Did he **pay** the bill? / **Did** we **eat** chicken last night?

(¿*Pagó* él la cuenta? / ¿*Comimos* pollo anoche?)

- FRASES NEGATIVAS:

Present

I **don't need** a fork / He **doesn't work** here anymore.

(*No necesito* un tenedor / Él ya *no trabaja* más aquí)

Past Simple

We **didn't like** the fish.

(*No nos gustó* el pescado)

NOTA: A pesar de que la forma plena es DO NOT y DID NOT, en inglés hablado casi siempre se utilizan las contracciones DON'T y DIDN'T (dident).

- EXPRESIONES DE ÉNFASIS:

Aunque no sea necesario su uso en oraciones afirmativas, puede dotar a una frase de un efecto enfático.

<u>Present</u>

I **do need** a fork / She **does speak** English.
(*Sí* que *necesito* un tenedor / Ella *sí* que *habla* inglés)

<u>Past Simple</u>

They **did like** the Octopus.
(*Sí* que les *gustó* el pulpo)

VERBOS MODALES: Son verbos auxiliares que no pueden funcionar como un verbo principal, a diferencia de los verbos auxiliares **"be"**, **"do"** y **"have"** que sí pueden funcionar como un verbo principal.

Los verbos modales expresan modalidad, habilidad, posibilidad, necesidad u otra condición. Los utilizamos para el futuro y el condicional.

Como verbos complementarios que son, **los verbos modales no funcionan sin otro verbo**. Este otro verbo siempre va después del verbo modal y está en la forma base (el infinitivo sin "to"). No se conjugan los verbos modales y no tienen tiempo.

Los verbos modales son:

- CAN
- COULD
- MAY
- MIGHT
- WILL
- WOULD
- SHALL
- SHOULD
- OUGHT TO
- MUST/HAVE TO

Usos y Ejemplos.

CAN

"Can" indica habilidad o posibilidad. En estos casos puede ser traducido como "poder" en español.

Ejemplos:
> I **can speak** five languages.
> (***Puedo hablar*** *cinco idiomas*)

The restaurant **can be** expensive if you drink wine.
(*El restaurante **puede ser** caro si bebes vino*)

En frases interrogativas, el uso de **"can"** puede solicitar permiso o preguntar sobre posibilidades.

Ejemplos:

Can I **have** another glass of wine, please?
(*¿**Puedo tomar** otra copa de vino, por favor?*)

How **can** I **help** you?
(*¿**Cómo** le **puedo** ayudar?*)

<u>COULD</u>

"Could" indica posibilidad o habilidad en el pasado.

Ejemplos:

Joe **could speak** Spanish when he was young.
(*Joe **podía hablar** español cuando era joven*)

I **couldn't sleep** last night.
(***No pude dormir** anoche*)

También se puede usar **"could"** para posibilidades en el futuro.

Ejemplos:

You **could call** the restaurant to see if it´s open.
(***Podrías llamar** al restaurante para ver si está abierto*)

I think it **could rain** later.
(*Creo que **podría llover** más tarde*)

Como **"can"**, en frases interrogativas **"could"** puede solicitar permiso o preguntar sobre las posibilidades, pero es más formal.

Ejemplos:

Could you **bring** us the wine list, please?
(*¿Podría traernos* la carta de vinos, por favor?)

Could you **recommend** us a good white wine?
(*¿Podría recomendarnos* un buen vino blanco?)

Nota: "Could" es la forma condicional de **"Can"**.

MAY

Como **"Could"**, se usa **"May"** para indicar posibilidades en el futuro.

Ejemplos:

It **may be** better to eat later, I am not hungry now.
(*Tal vez sea* mejor comer luego, no tengo hambre ahora)

También se puede utilizar para dar permisos o instrucciones.

Ejemplos:

You **may leave** if you like.
(*Puede salir* si quiere.)

You **may use** your credit card to pay.
(*Pueden usar* su tarjeta de crédito para pagar)

En frases interrogativas, el uso de **"may"** es más educado que **"can"** o **"could"**.

Ejemplos:

May I **have** a glass of water?
(*¿**Podría tomar** un vaso de agua?*)

May I **take** your order now?
(*¿**Podría tomarles** el pedido ahora?*)

MIGHT

Se usa **"might"** para indicar posibilidades en el presente o el futuro. En estos casos, es un sinónimo de **"may"**.

Ejemplos:

Take an umbrella, it **might rain** later.
(*Llévate un paraguas, **puede llover** más tarde*)

It **might be** better to finish this now.
(***Tal vez sea** mejor terminar esto ahora*)

WILL

El verbo **"will"** se utiliza para formar el tiempo futuro.
También el uso de **"will"** significa voluntad o determinación.

Ejemplos:

I **will help** you.
(*Te **ayudaré***)

I think I'**ll** (I **will**) **have** the salad.
(*Creo que **tomaré** la ensalada*)

NOTA: En inglés oral, se suele usar la contracción **I'll** ("Ail") en vez de **I will**. Lo veremos en muchas frases de la secuencia del servicio.

Se utiliza **"will"** en frases interrogativas para pedir información, un favor o sobre opciones.

Ejemplos:

Will it **take** much longer to have our table ready?
(*¿***Va a tardar** mucho más en tener nuestra mesa lista?*)

Will you **help** me move?
(*¿Me **ayudas** a mudarme?*)

Will he **go** to Madrid by car or train?
(*¿**Irá** a Madrid en coche o en tren?*)

WOULD

"Would" es la forma condicional del tiempo futuro. También se usa **"would"** para declarar una preferencia y para preguntar por algo educadamente.

Ejemplos:

She **would live** in New York if she could.
(*Ella **viviría** en Nueva York si pudiera*)

I **would like** a beer and she **would like** a glass of wine.
(*Me **gustaría** una cerveza y ella **querría** una copa de vino*)

Would you **like** some coffee?
(*¿Le **gustaría** un cafe?*)

Would you **like** to see the wine list?
(*¿Le **gustaría** ver la Carta de Vinos?*)

Would you mind **waiting** at the bar, please?
(*¿Les **importaría esperar** en el bar, por favor?*)

Nota: El uso de **"would"** es extremadamente importante durante el servicio para hacer preguntas de la manera más correcta y formal. En la Secuencia de Servicio veremos múltiples formas de su correcta utilización.

SHALL

Se usa **"shall"** como **"will"** para formar el tiempo futuro. El uso de **"shall"** es mucho más común en el Reino Unido y en general es más educado.

Ejemplos:

Juan **shall be** happy to serve you.
(*Juan **estará** encantado de servirle.*)

I'll take the 3 o'clock train.
(***Tomaré** el tren a las 15h.*)

También se puede utilizar **"shall"** para ofertas y sugerencias o para preguntar sobre opciones o preferencias.

Ejemplos:

Shall we **meet** at 10 pm?
(*¿**Quedamos** a las 22h?*)

Shall we **go** to the movies or a museum?
(*¿Vamos al cine o a un museo?*)

SHOULD

"Should" indica una obligación o recomendación. Refleja una opinión sobre lo que es correcto. Se traduce como el condicional de "deber" en español.

Ejemplos:
I **should call** my parents more often.
(*Debería llamar a mis padres más a menudo*)

You **shouldn't work** so hard.
(*No deberías trabajar tan duro*)

Se utiliza **"should"** en frases interrogativas para preguntar si existe una obligación o para pedir una recomendación.

Ejemplos:

Should we **leave** a tip?
(*¿Deberíamos dejar una propina?*)

Should I **have** the steak or the chicken?
(*¿Debería comer el bistec o el pollo?*)

Where **should** they **meet** you?
(*¿Dónde deberían encontrarte?*)

OUGHT TO

"Ought to" es un sinónimo de **"should"** aunque es menos común.

Ejemplos:

> She **ought to quit** smoking.
> (*Ella **debería dejar** de fumar*)

> They **ought to work** less.
> (***Deberían trabajar** menos*)

Nota: Nunca se usa **"ought to"** en frases interrogativas en inglés.

MUST / HAVE TO

"Must" indica una obligación, prohibición o necesidad. También puede sustituirse por **"have to"** (tener que) en frases afirmativas.

Ejemplos:

> You **must [have to] go** to this place, it's fantastic!
> (***Tienes que ir** a éste sitio, ¡es fantástico!*)

> We **must [have to] leave** now or we will be late.
> (***Tenemos que irnos** ahora o llegaremos tarde*)

> You **must not drink** and drive.
> (***No puedes beber** y conducir*)

También se puede usar **"must" o "have to"** para indicar probabilidad o asumir algo.

Ejemplos:

Juan **must be/has to be** sick because he never misses work.
*(Juan **debe estar** enfermo porque nunca falta al trabajo)*

It **must be/has to be** difficult to learn a new language as an adult.
*(**Debe ser** difícil aprender un idioma de adulto)*

Es posible también usar **"must"** o **"have to"** para preguntas retóricas.

Ejemplos:

Must you always **be** late? / Do you always **have to be** late?
*(¿Siempre **tienes** que **llegar** tarde?)*

Must she **talk** so much? / Does she **have to talk** so much?
*(¿**Tiene** que **hablar** tanto?)*

VERBOS COMÚNMENTE EMPLEADOS EN RESTAURACIÓN

Veamos una lista con los verbos más utilizados en el entorno del restaurante, y su conjugación:

INFINITIVO	PRESENTE	PASADO	PARTICIPIO
Abrir/**To Open**	Open	Opened	Opened
Aceptar/**To Accept**	Accept	Accepted	Accepted
Acompañar/**To Escort**	Escort	Escorted	Escorted
Acompañar/**To Show To**	Show	Showed	Shown
Apagar/**To Turn Off**	Turn Off	Turned Off	Turned Off
Apuntar/Anotar/**To Write Down**		Wrote Down	Written Down
Bajar (Volumen)/**To Turn Down**			
Beber/**To Drink**	Drink	Drank	Drunk
Borrar/**To Delete**	Delete	Deleted	Deleted
Caer-Caerse/**To Fall**	Fall	Fell	Fallen
Caerse (algo al suelo)/**To Drop**		Dropped	Dropped
Calentar/**To Warm Up**	Warm Up	Warmed Up	Warmed Up
Cambiar/**To Change**	Change	Changed	Changed
Cambiar/**To Replace**	Replace	Replaced	Replaced

Cerrar/**To Close**	Close	Closed	Closed
Cobrar/**To Charge**	Charge	Charged	Charged
Cocinar/**To Cook**	Cook	Cooked	Cooked
Comer/**To Eat**	Eat	Ate	Eaten
Comprar/**To Buy**	Buy	Bought	Bought
Comprar/**To Purchase**	Purchase	Purchased	Purchased
Comprobar/**To Check**	Check	Checked	Checked
Comunicar/**To Communicate**		Communicated	Communicated
Corregir/**To Correct**	Correct	Corrected	Corrected
Cortar/**To Cut**	Cut	Cut	Cut
Denegar (La Tarjeta)/**To Decline**		Declined	Declined
Despedirse/**To Say Goodbye**		Said	Said
Disculparse/**To Apologize**		Apologized	Apologized
Elegir/**To Choose**	Choose	Chose	Chosen
Elegir/**To Pick**	Pick	Picked	Picked
Encender (TV)/**To Turn On**			
Entender/**To Understand**		Understood	Understood

Escribir/**To Write**	Write	Wrote	Written
Escuchar/**To Listen**	Listen	Listened	Listened
Esperar/**To Wait**	Wait	Waited	Waited
Girar/**To Turn**	Turn	Turned	Turned
Gritar/**To Yell**	Yell	Yelled	Yelled
Gritar/**To Shout**	Shout	Shouted	Shouted
Hablar/**To Speak**	Speak	Spoke	Spoken
Hablar/**To Talk**	Talk	Talked	Talked
Hacer/**To Do**	Do	Did	Done
Hacer/**To Make**	Make	Made	Made
Hacer (Una Reserva)/**To Make** (A Reservation)			
Limpiar/**To Clean**	Clean	Cleaned	Cleaned
Llamar/**To Call**	Call	Called	Called
Llevar a Casa (un pedido)/**To Deliver**	Delivered	Delivered	
Maridar/**To Pair**	Pair	Paired	Paired
Mirar/**To Look**	Look	Looked	Looked
Molestar/ **To Annoy**	Annoy	Annoyed	Annoyed

Molestar/**To Bother**	Bother	Bothered	Bothered
Molestar/ **To Disturb**	Disturb	Disturbed	Disturbed
Molestar/**To Upset**	Upset	Upset	Upset
Ofrecer/**To Offer**	Offer	Offered	Offered
Oir/**To Hear**	Hear	Heard	Heard
Pagar/**To Pay**	Pay	Paid	Paid
Pedir/**To Ask For**	Ask For	Asked For	Asked For
Pedir/**To Order**	Order	Ordered	Ordered
Permitir/**To Allow**	Allow	Allowed	Allowed
Poner/**To Put**	Put	Put	Put
Preguntar/**To Ask**	Ask	Asked	Asked
Preparar/**To Prepare**	Prepare	Prepared	Prepared
Probar/**To Try**	Try	Tried	Tried
Quitar/**To Remove**	Remove	Removed	Removed
Recibir/**To Meet**	Meet	Met	Met
Recoger (un pedido)/**To Take Out**		Took Out	Taken Out
Recoger(del suelo)/ **To Pick Up**		Picked Up	Picked Up

Recomendar/**To Recommend**		Recommended	Recommended
Repetir/**To Repeat**	Repeat	Repeated	Repeated
Resolver/**To Solve**	Solve	Solved	Solved
Retirar (platos/copas)/**To Clear**		Cleared	Cleared
Retrasarse/**To Delay**	Delay	Delayed	Delayed
Saborear/**To Taste**	Taste	Tasted	Tasted
Saludar/**To Greet**	Greet	Greeted	Greeted
Ser o Estar/**To Be**	Am/Are/Is	Was/Were	Been
Servir/**To Serve**	Serve	Served	Served
Subir (Volumen)/**To Turn Up**			
Sustituir/**To Substitute**	Substitute	Substituted	Substituted
Tardar un rato	**To Take a while** (a few minutes)		
Tener/**To Have**	Have/Has	Had	Had
Tirar/**To Throw Away**	Throw	Threw	Thrown
Tomar (comer/ beber)	Have	Had	Had
Tomar (el pedido)	**To Take**	Took	Taken
Trabajar/**To Work**	Work	Worked	Worked

Traer/**To Bring**	Bring	Brought	Brought
Traer/**To Get**	Get	Got	Got/Gotten
Vender/**To Sell**	Sell	Sold	Sold
Ver/**To See**	See	Saw	Seen

TERMINOLOGÍA BÁSICA DEL ENTORNO DEL RESTAURANTE

Veamos una lista con los términos más utilizados en el entorno del restaurante y en general, así como diferentes adjetivos descriptivos:

PERSONAS / GENTE – **PEOPLE**

Ayudante de Camarero – **ASSISTANT / BUSBOY / BUSSER**
Bombero – **FIREMAN / FIREFIGHTER**
Camarera – **WAITRESS**
Camarero – **WAITER**
Camarero de Barra – **BARMAN / BARTENDER**
Cliente / Comensal – **GUEST / CUSTOMER / DINER** (más formal)
Cocinero – **COOK / CHEF**

Dueño – **OWNER**
Empleado – **EMPLOYEE**
Friegaplatos – **DISHWASHER**
Gerente – **MANAGER**
Jefe – **BOSS**
Jefe de Sala – **CAPTAIN / HEAD OF WAITERS**
Persona (1) – **PERSON**
Personal – **STAFF / PERSONNEL** (más formal)
Personas (2 o más) – **PEOPLE**
Policía – **POLICEMAN / COP / POLICE OFFICER**
Sumiller – **SOMMELIER**

PARTES DEL CUERPO – **PARTS OF THE BODY**

Boca – **MOUTH**
Cabeza – **HEAD**
Cuello – **NECK**
Dedo/s – **FINGER/S**

Dedo/s de los Pies – **TOE/S**	
Espalda – **BACK**	
Frente – **FOREHEAD**	
Labio/s – **LIP/S**	
Mano/s – **HAND/S**	
Muslo/s – **THIGH/S**	
Nariz – **NOSE**	
Nudillo/s – **KNUCLE/S**	
Ojo/s – **EYE/S**	
Oreja/s/Oído/s – **EAR/S**	
Pantorrilla/s – **CALF/CALVES**	
Parte de Adelante – **FRONT SIDE**	
Parte de Atrás – **BACK SIDE**	
Pecho – **CHEST**	
Pelo – **HAIR**	
Pie/s – **FOOT/FEET**	
Pierna/s – **LEG/S**	

Puño – **FIST**
Trasero / Culo – **BOTTOM / ASS**
Uña/s – **NAIL/S**

ARTICULACIONES – <u>**JOINTS**</u>

Cadera – **HIP**
Codo – **ELBOW**
Hombro – **SHOULDER**
Muñeca – **WRIST**
Rodilla – **KNEE**
Tobillo – **ANKLE**

LUGARES – <u>**PLACES**</u>

Ascensor – **ELEVATOR (U.S.) / LIFT (U.K.)**
Aseo / Baño – **RESTROOM (U.S.) / TOILET (U.K.)**
Barra / Mostrador – **BAR / COUNTER**
Bodega – **WINE CELLAR**

Cocina – **KITCHEN**	
Comedor – **DINING ROOM**	
Cuarto Almacén – **STORAGE ROOM**	
Despensa – **PANTRY**	
Discoteca – **NIGHT CLUB**	
Entrada – **ENTRANCE**	
Garaje – **GARAGE / PARKING LOT**	
Guardarropa – **WARDROBE**	
Planta Baja – **GROUND FLOOR**	
Primera Planta – **FIRST FLOOR**	
Principal – **MAIN**	
Recepción – **LOBBY / FRONT DESK**	
Sala – **ROOM/HALL**	
Sala de Alterne – **STRIP CLUB**	
Sótano – **BASEMENT**	
Zona / Pista de Baile – **DANCING FLOOR / DANCING AREA**	
Zona de Sofás o Relax – **LOUNGE AREA**	

<u>ROPA – **CLOTHING**</u>

Abrigo – **COAT**
Atuendo – **OUTFIT / ATTIRE**
Bañador – **SWIMMING SUIT / TRUNKS**
Bufanda – **SCARF**
Calcetines – **SOCKS**
Camisa – **SHIRT**
Camiseta – **TEE SHIRT**
Chaqueta – **JACKET**
Corbata – **TIE**
Cordon de Zapato – **SHOE LACE**
Delantal – **APRON**
Equipamiento – **GEAR / EQUIPMENT**
Falda – **SKIRT**
Gemelos – **CUFFLINKS**
Gorro/a – **CAP**
Guantes – **GLOVES**

Jersey – **SWEATER / PULLOVER**	
Manga/s (de Camisa) – **SLEEVE/S**	
Medias – **PANTIES**	
Pantalón – **PANTS / TROUSERS**	
Pantalón Corto – **SHORTS**	
Polo – **POLO SHIRT**	
Puños (de Camisa) – **CUFFS**	
Ropa (en general) – **CLOTHES / CLOTHING**	
Ropa Interior Él – **UNDERWEAR / SLIPS / BOXERS**	
Ropa Interior Ella – **UNDERWEAR / KNICKERS**	
Sandalias – **LOAFERS / SANDALS**	
Sombrero – **HAT**	
Uniforme – **UNIFORM**	
Vaqueros – **JEANS**	
Zapatillas – **SNEAKERS / TRAINERS / RUNNING SHOES / TENNIS SHOES**	
Zapatos – **SHOES**	
Zapatos de Tacón – **HIGH HEELS**	

<u>ACCESORIOS – **ACCESORIES**</u>

Anillo – **RING**
Barba – **BEARD**
Bolso – **BAG / HANDBAG**
Cartera – **WALLET**
Chupete – **NOOK / PACIFIER**
Cinturón – **BELT**
Colgante (de Cuello) – **NECK BAND / PENDANT**
Collar – **NECKLACE**
Goma Del Pelo – **HAIR BAND**
Llavero – **KEYCHAIN**
Llaves – **KEYS**
Llaves (del Coche) – **CAR KEYS**
Maquillaje – **MAKE UP**
Monedero – **PURSE**
Pajarita – **BOW TIE**
Patillas – **SIDEBURNS**

Pendiente – **EARRING**
Perilla – **GOATIE**
Piercing – **PIERCING**
Pintalabios – **LIPSTICK**
Pintauñas – **NAIL POLISH**
Pulsera – **WRIST BAND**
Pulsera (de Joyería) – **BRACELET**
Reloj (de Muñeca) – **WATCH**
Riñonera – **WAISTBAG / FANNYBAG**
Tatuaje – **TATTOO**
Teléfono Móvil – **CELL / MOBILE PHONE**
Tobillera – **ANKLE BRACELET**

TEJIDOS – **FABRIC**

Algodón – **COTTON**
Cuero – **LEATHER**
Elástico – **ELASTIC**
Encaje – **LACE**

Goma – **RUBBER**
Lana – **WOOL**
Lino – **LINE**
Nilon – **NYLON**
Pana – **CORDUROY**
Plástico – **PLASTIC**
Seda – **SILK**
Sintético – **SYNTHETIC**
Tejido Vaquero – **DENIM**
Tela – **CLOTH**

<u>ASPECTO EXTERIOR</u> – **APPEARANCE**

Adormilado – **SLEEPY**
Afeitado – **SHAVED**
Barbudo – **BEARDED**
Bien Arreglado – **NEAT / WELL GROOMED**
Delgado – **THIN / SKINNY / SLIM**

Demacrado / Trasnochado – **HAGGARD**	
Embarazada / Embarazo – **PREGNANT / PREGNANCY**	
Gordito / Gordo – **CHUBBY / FAT / OVERWEIGHT**	
Hortera – **TACKY**	
Impecable – **SPOTLESS**	
Inmundo – **FILTHY**	
Limpio – **CLEAN**	
Maloliente – **STINKY**	
Manchado – **STAINED**	
Obeso – **OBESE**	
Peinado – **COMBED / BRUSHED**	
Pelo en Coleta – **PONYTAIL**	
Pelo Recogido – **TIED BACK / HAIR UP**	
Reluciente – **SHIMMERING**	
Sin Afeitar – **UNSHAVEN**	
Sucio – **DIRTY**	

<u>COSAS BÁSICAS</u> – **<u>BASIC THINGS</u>**

Alcohol – **ALCOHOL (<u>AL</u>KOJOL)**
Alergia / Alérgico – **ALERGY / ALERGIC**
Cena – **DINNER**
Comida – **LUNCH**
Cosas – **THINGS / STUFF**
Desayuno – **BREAKFAST**
Entrante / Primer Plato – **STARTER / APPETIZER**
Frutos Secos – **NUTS**
Grasa – **FAT**
Marca – **BRAND**
Merienda / Aperitivo – **SNACK**
Papel de Cocina – **PAPER TOWEL**
Papel Higiénico – **TOILET PAPER**
Plato Principal / Segundo Plato – **MAIN COURSE**
Postre – **DESSERT**
Refresco – **SOFT DRINK / SODA**

Tapas / Aperitivo Tipo Pintxo – **HORS D´OEUVRES** (PRONUNCIADO **ORDERVS**)
Trapo – **CLOTH**

ENTORNO – **BACKGROUND**

Acera – **SIDEWALK**
Aire Acondicionado – **AIR CONDITIONING / AC**
Arena – **SAND**
Autobús – **BUS**
Bandeja – **TRAY / SALVER**
Baño – **RESTROOM (U.S.) / TOILET (U.K.)**
Barril – **BARREL**
Botella – **BOTTLE**
Calle – **STREET**
Carretera – **ROAD**
Carrito – **CART / TROLLEY**
Coche – **CAR**
Cojín – **CUSHION / PAD**

Comisaría – **POLICE STATION**	
Cuchara – **SPOON**	
Cuchillo/s – **KNIFE / KNIVES**	
Estación de Metro – **METRO STATION**	
Jarra – **MUG**	
Lámpara – **LAMP / LIGHT**	
Mantel – **TABLECLOTH**	
Mesa – **TABLE**	
Metro – **SUBWAY (U.S.) / UNDERGROUND, TUBE (U.K.)**	
Música – **MUSIC**	
Pajita – **STRAW**	
Pared / Muro – **WALL**	
Paso de Cebra – **CROSSWALK**	
Peatón – **PEDESTRIAN**	
Plato – **PLATE / DISH**	
Posavasos – **COASTER**	
Puerta – **DOOR**	

Reloj de pared – **CLOCK**	
Ruido – **NOISE**	
Sevilleta – **NAPKIN**	
Silla – **CHAIR**	
Sofá – **SOFA / COUCH**	
Suelo (de exterior) – **GROUND**	
Suelo (de interior) – **FLOOR**	
Taza – **CUP**	
Techo – **CEILING**	
Tenedor – **FORK**	
Tumbona – **LOUNGE / SUNBED**	
Tierra – **DIRT**	
TV – **TELEVISION / TV**	
Vaso – **GLASS**	
Ventana – **WINDOW**	
Ventilador – **FAN**	
Ventilador de Techo – **CEILING FAN**	

Viandante – **PASSERBY**

TEMPERATURA – **TEMPERATURE**

Aire Fresco – **FRESH AIR**	
Brisa – **BREEZE**	
Caliente – **HOT / WARM**	
Calor – **HEAT**	
Congelado – **FROZEN**	
Enfriado – **CHILLED**	
Fresco – **COOL / FRESH**	
Frío – **COLD**	
Frío (Clima) – **CHILLY**	
Helado (Clima) – **ICY / FREEZING**	
Lluvioso – **RAINY**	
Neblinoso – **FOGGY**	
Nevado – **SNOWY**	
Nublado – **OVERCAST / CLOUDY**	

Temperatura Ambiente **– ROOM TEMPERATURE**
Templado / Tibio **– LUKEWARM**
Ventoso **– BLUSTERY / WINDY**

CAPÍTULO 2

EN EL RESTAURANTE

UTENSILIOS DE COCINA, MENAJE

ELECTRODOMÉSTICOS, CUBERTERÍA

CRISTALERÍA, MANTELERÍA Y MOBILIARIO

En este capítulo vamos a ver el vocabulario necesario para describir los **utensilios de cocina** y los **electrodomésticos** básicos y fundamentales de cualquier restaurante. Continuaremos con una descripción del **menaje**, la **cubertería**, la **cristalería**, la **mantelería** y el **mobiliario** del local, para poder referirnos a cada uno de ellos de la manera correcta y apropiada cuando así lo necesitemos.

Utensilios de Cocina y Cocinado – KITCHEN & COOKING UTENSILS

Ablandador de Carne – **MEAT TENDERIZER**
Abrebotellas – **BOTTLE OPENER**
Abrelatas – **CAN OPENER**
Afilador de Cuchillos – **KNIFE SHARPENER**
Anti-adherente – **NON-STICK**
Bandeja – **TRAY**
Batidor – **WHISK**
Bol para Mezclar – **MIXING BOWL**
Brocheta – **SKEWER**
Cacerola / Cazuela – **CASSEROLE DISH**

Cazuela de Barro – **EARTHENWARE DISH**	
Colador – **STRAINER**	
Contenedor de Pyrex – **PYREX CONTAINER**	
Cuchara para Bolas de Helado – **SCOOP**	
Cuchara para Servir – **SERVING SPOON**	
Cucharón de Madera – **WOODEN SPOON**	
Cucharón de Servir – **LADLE**	
Cuchillo de Carnicero – **CLEAVER / BUTCHER´S KNIFE**	
Cuchillo de Cocina – **KITCHEN KNIFE**	
Cuchillo Panero – **BREAD KNIFE**	
Despepitador / Descorazonador de Manzana – **APPLE CORER**	
Escurridor – **COLANDER**	
Espátula – **SPATULA**	
Espumadera – **SLOTTED SPOON**	
Machacador – **MASHER**	
Mazo de Mortero – **PESTLE**	

Mortero – **MORTAR**
Olla – **SAUCEPAN / POT / COOKING POT**
Olla a Presión – **PRESSURE COOKER**
Paleta – **FOOD TURNER**
Pelador – **PEELER**
Plato para Gratinar – **GRATIN DISH**
Plato para Soufflés – **SOUFFLÉ DISH**
Pocillo / Ramequín – **RAMEKIN**
Prensador de Ajos – **GARLIC PRESS**
Rallador – **GRATER**
Resistente al Horno – **OVENPROOF**
Sartén – **FRYING PAN**
Sartén Parrillera – **GRILL PAN**
Tabla de Cortar – **CUTTING BOARD**
Tapa – **LID**
Tenedor Trinchador – **CARVING FORK**

Vidrio / Cristal – **GLASS**
Wok – **WOK**

ovenproof
gratin dish
ramekin
casserole dish
glass
mixing bowl
soufflé dish

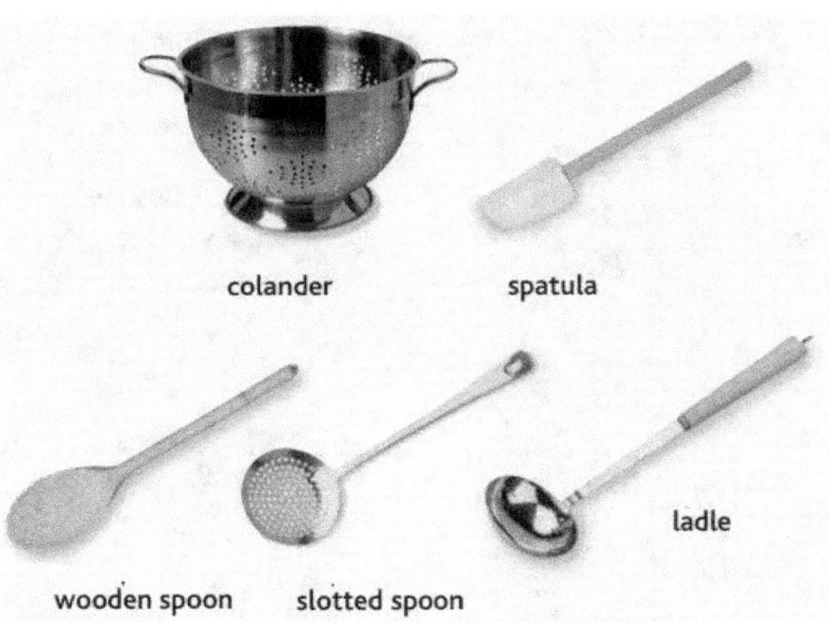
colander
spatula
ladle
wooden spoon
slotted spoon

skewer
peeler
apple corer
pestle
grater
mortar
masher
bread knife
kitchen knife
earthenware dish
cutting board
wok

Electrodomésticos – **APPLIANCES**

Batidora / Licuadora – **BLENDER / JUICER**
Cafetera – **COFFEE MAKER**
Campana Extractora – **EXTRACTOR FAN**
Congelador – **FREEZER**
Fogones / Hornillas – **STOVE / STOVETOP**
Fregadero – **SINK**
Horno – **OVEN**
Lavaplatos / Lavavajillas – **DISHWASHER**
Nevera – **FRIDGE / REFRIGERATOR**
Parrilla – **GRILL**
Picadora – **MIXER**
Tostadora – **TOASTER**

Menaje – **DISHWARE / CHINAWARE / CROCKERY**

Menaje es el término que se utiliza para denominar toda la vajilla del restaurante, y que comprende los platos, boles, tazas, salseras y demás vajilla que se usa para servir comida y comerla. Estos objetos están fabricados en loza (**CHINA**), cristal (**GLASS**), porcelana (**FINE CHINA / PORCELAIN**), cerámica (**CERAMICS**), barro (**EARTHENWARE**), y piedra (**STONE / STONEWARE**).

PLATOS – **PLATES**
Bajo Plato – **CHARGER**
Plato de Café – **SAUCER**
Plato de Ensalada – **SALAD PLATE**
Plato de Entrante – **APPETIZER PLATE / ENTREE PLATE**
Plato de Pan – **BREAD PLATE**
Plato de Postre – **DESSERT PLATE**
Plato de Ración – **SIDE PLATE**
Plato Principal – **MAIN COURSE PLATE / DINNER PLATE**
Plato Sopero – **SOUP BOWL**
Plato de Consomé – **CONSOMME BOWL**

<u>TAZAS</u> – **<u>CUPS</u>**

Taza de Café – **COFFEE CUP**

Taza de Té – **TEA CUP**

<u>OBJETOS PARA SERVIR</u> – **<u>SERVING ITEMS</u>**

Azucarero – **SUGAR BOWL**

Bol de Servir – **SERVING BOWL**

Cafetera – **COFFEE POT**

Huevera – **EGG COUPE**

Jarra de Leche – **MILK JUG**

Jarra para el Agua Caliente – **HOT WATER POT**

Plato tipo Bandeja – **PLATTER**

Ramequín – **RAMEKIN**

Salsera – **RAVIERE**

Sopera – **SOUP TOUREEN**

Tetera – **TEA POT**

Cubertería – **CUTLERY / SILVERWARE**

Se clasifica en Tenedores, Cuchillos, Cucharas y Cubiertos para Servir.

Tenedores – **FORKS**
De Caracoles – **SNAIL FORK**
De Entrante – **ENTREE FORK**
De Langosta – **LOBSTER PICK**
De Ostras – **OYSTER FORK**
De Pescado – **FISH FORK**
De Postre – **DESSERT FORK**
Principal – **MAIN FORK**
Cucharas – **SPOONS**
Cucharilla de Té – **TEA SPOON**
De Fruta o Pomelo – **GRAPEFRUIT SPOON**
De Helado – **PARFAIT SPOON**
De Ostras – **OYSTER SPOON**
De Postre – **DESSERT SPOON**

De Servicio / De Mesa – **SERVICE / TABLE SPOON**
Sopera – **SOUP SPOON**

Cuchillos – <u>**KNIVES**</u>

De Carne – **STEAK KNIFE**
De Mantequilla – **BUTTER KNIFE**
De Pan – **BREAD KNIFE**
De Pescado – **FISH KNIFE**
De Plato Principal – **MAIN COURSE KNIFE**
De Queso – **CHEESE KNIFE**
De Ración / Pequeño – **SIDE KNIFE**
De Trinchar / Jamonero – **CARVING KNIFE**

Cubiertos De Servir – <u>**SERVING UTENSILS**</u>

Cuchara de Servir – **SERVICE SPOON**
Cucharón – **LADLE** (leidel)
Paleta de Tarta – **CAKE SLICE / GATEAU**
Tenazas de Marisco – **LOBSTER CRACKER**

<u>Mantelería – **LINEN**</u>

La mantelería se compone de todos los recubrimientos de las mesas, y tienen un propósito tanto de limpieza debido a sus características absorbentes como decorativo.

Centro de Mesa / Tapete de Adorno – **TABLE RUNNERS**
Faldón de Buffet – **BUFFET SKIRT**
Mantel – **TABLECLOTH**
Mantel Individual – **PLACE MAT / MAT**
Recubrimiento – **OVERLAY**
Servilleta – **NAPKIN**

<u>Mobiliario – **FURNITURE**</u>

Aparador – **SIDE BOARD**
Armario Bajo – **CABINET**
Armario de Cocina – **CUPBOARD**
Banco – **BENCH**
Banqueta – **STOOL**

Cajón – **DRAWER**
Estantería – **SHELF (PLURAL: SHELVES)**
Mesa – **TABLE**
Cuadrada – **SQUARE TABLE**
De Buffet – **BUFFET TABLE**
De Conferencia – **CONFERENCE TABLE**
Ovalada – **OVAL TABLE**
Rectangular – **RECTANGULAR TABLE**
Redonda – **ROUND TABLE**
Serpentina – **SERPENTINE TABLE**
Silla – **CHAIR**
Sillón – **ARMCHAIR**
Sofá – **SOFA / COUCH**

<u>Cristalería</u> – **GLASSWARE**

Se clasifica en vasos con tallo (**STEMWARE**), y resto de vasos (**GLASSES AND TUMBLERS**). Una descripción visual completa aparece en la sección de **La Carta De Bebidas**, en la página **90**.

CAPÍTULO 3

LA CARTA DE BEBIDAS

TIPOS, CLASIFICACIÓN Y TERMINOLOGÍA COMPLETA

LA CARTA DE BEBIDAS – **THE BEVERAGE LIST**

En éste capítulo veremos los siguientes apartados:

- Clasificación: Refrescos, Cervezas, Vinos y Licores.

- Introducción Al Vino Español. Terminología Descriptiva.

- Utensilios del Bar. Terminología. Cristalería: Vasos y copas.

Empecemos por una clasificación de las bebidas por categorías.

<u>BEBIDAS SIN ALCOHOL</u>

<u>**NON-ALCOHOLIC BEVERAGES**</u>

AGUA – **WATER**

Agua sin Gas – **STILL WATER / NON-CARBONATED WATER**
Agua Mineral – **MINERAL / SPRING WATER**
Agua del Grifo – **TAP WATER**
Agua con Gas – **SPARKLING WATER / CARBONATED WATER**

<u>REFRESCOS</u> – **SOFT DRINKS, SODAS, SODA POP**

Bebidas Energéticas – **ENERGY DRINKS: RED BULL, MONSTER**
CocaCola – **COKE / REGULAR COKE**
CocaCola Light – **DIET COKE**
Fanta Naranja / Limón – **ORANGE FANTA / LEMON FANTA**
Limonada – **LEMONADE**
Pepsicola – **PEPSI**
Refresco de Cola – **COLA SODA**
Refresco de Jengibre – **GINGER ALE**
Refresco de Limón / Lima – **LIME / LEMON SODA**
Refresco de Naranja – **ORANGE SODA**
Té Helado – **ICED TEA (NESTEA)**
Tónica – **TONIC WATER**

<u>Por Marca</u> – **BY BRAND**

Fanta, Kas, Trina, Aquarius, Gatorade, Sprite, Seven Up, Mountain Dew, Schweppes.

ZUMO DE FRUTA – **FRUIT JUICE- SQUASH**

Zumo de Naranja – **ORANGE JUICE**
Limón – **LEMON JUICE**
Piña – **PINEAPPLE JUICE**
Melocotón – **PEACH JUICE**
Manzana – **APPLE JUICE**
Tomate – **TOMATO JUICE**
Uva – **GRAPE JUICE**

OTRAS BEBIDAS FRÍAS – **OTHER COLD DRINKS**

Batido – **SHAKE / MILKSHAKE**
de Chocolate – **CHOCOLATE MILKSHAKE**
de Vainilla – **VANILLA MILKSHAKE**
de Fresa – **STRAWBERRY MILKSHAKE**
Granizado – **SLUSH / FRAPPÉ**
Licuado de Fruta o Verdura – **SMOOTHIE (SMUDI)**

BEBIDAS CALIENTES – **HOT DRINKS**

Café – **COFFEE**
Americano – **BLACK COFFEE / AMERICANO**
Café con Leche – **LATTE / MILK COFFEE**
Capuchino – **CAPPUCCINO**
Carajillo (Café con Licor) – **EXPRESSO WITH LIQUOR**
Con Hielo – **EXPRESSO WITH ICE / ICED EXPRESSO**
Cortado – **EXPRESSO WITH A DASH OF MILK**
Descafeinado – **DECAF (DECAFFEINATED)**
Sólo – **EXPRESSO**
Soluble / Instantáneo – **INSTANT COFFEE**
Infusiones – **INFUSIONS**
Anís – **ANISE**
Hierbabuena – **SPEARMINT**
Manzanilla – **CHAMOMILE**
Menta – **PEPPERMINT**

Poleo – **PENNYROYAL**
Té – **TEA**
Chocolate Caliente – **HOT CHOCOLATE**
Cacao Caliente – **HOT COCOA** (PRONUNCIADO **COCOU**)
Colacao – **INSTANT CHOCOLATE**

BEBIDAS CON ALCOHOL– ALCOHOLIC BEVERAGES

Cerveza – **BEER**
Cerveza Rubia – **LAGER**
Cerveza Tostada – **ALE / BROWN ALE**
Cerveza de Trigo – **WHEAT BEER**
Cerveza Roja – **RED ALE**
Cerveza Negra – **STOUT / DARK ALE**
Espuma de Cerveza – **FROTH**
De Barril / De Grifo – **DRAUGHT BEER / BEER ON TAP/ BEER ON DRAFT**
En Botella – **BOTTLED BEER / A BOTTLE OF BEER**

Por Vasos o Copas – **BY THE GLASS**
Pinta de Cerveza – **PINT**
Caña – **SMALL GLASS OF BEER**
Doble – **HALF A PINT**
Jarra (Individual) – **MUG**
Jarra (para Compartir) – **PITCHER**
<u>Vino – **WINE**</u>
Vino Tinto – **RED WINE**
Vino Blanco – **WHITE WINE**
Vino Rosado – **ROSE / ROSÉ WINE**
Vino Espumoso – **SPARKLING WINE**
Cava / Champán – **CHAMPAGNE** (SHAM**PEIN**)
Coctail – **COCKTAIL**
Cubatas – **MIXED DRINKS**
<u>Licores – **LIQUOR / SPIRITS**</u>
Ron – **RUM**

Vodka – **VODKA**
Whisky – **WHISKEY/SCOTCH** (ESCOCÉS)
Ginebra – **GIN**
Aguardiente – **HARD LIQUOR / SCHNAPPS**
Orujo – **DISTILLED LIQUOR**
Orujo de Hierbas – **HERB / HERBAL LIQUOR**
Cognac – **BRANDY**
Crema de Whiskey – **WHISKEY CREAM / BAILEY´S**
Tequila – **TEQUILA**
Martini – **MARTINI (DRY, GIN)**
Chupito – **SHOT / TOT (TEQUILA, WHISKEY, VODKA, ETC)**
Whiskey con Hielo – **WHISKEY (SCOTCH) ON THE ROCKS** Solo – **STRAIGHT / NEAT**

EL VINO ESPAÑOL – **THE SPANISH WINE**

En éste apartado, vamos a ver el vino español con más detalle, desde sus denominaciones de origen más populares y que se encuentran en todos los restaurantes del país, pasando por su clasificación según tiempo de crianza, y los adjetivos descriptivos necesarios para explicar su aroma y sabor.

Tipos Básicos de Vino – **Basic Types of Wine:**

Tinto (**Red**), Rosado (**Rosé o Rose**), Blanco (**White**) y Cava o Vino Espumoso al estilo de Champagne (**Cava or Sparkling Wine made in the style of Champagne**).

Las Diferentes Calidades – **The Different Qualities:**

Según el tiempo de crianza, el vino español se clasifica como:

- VINO JOVEN – **Young Wine** (Vino del año o cosechero, no ha pasado tiempo en barrica y se comercializa en su primer año)
- VINO ROBLE O MEDIA CRIANZA – **Oak Wine or Half Crianza**, A Young Wine aged from 3 to 8 months in French Oak or American Oak barrel. (Un vino joven envejecido de 3 a 8 meses en barrica de Roble Francés o Americano)
- CRIANZA – **A Two-Year-Old Wine**, that's been aged at least 12 months in barrel and 12 months in bottle. (Un vino de 2 años de edad, que ha sido envejecido como mínimo 1 año en barrica y 1 año en botella)

- <u>RESERVA</u> – **A Quality Three-Year-Old Wine** that's been aged at least 12 months in barrel and 24 months in bottle. (Un vino de calidad de 3 años de edad, que ha sido envejecido como mínimo 1 año en barrica y 2 años en botella)
- <u>GRAN RESERVA</u> – **A Best-Quality Five-Year-Old Wine** that's been aged at least 24 months in barrel and 36 months in bottle. (Un vino de la mejor calidad, de 5 años de edad, que ha sido envejecido un mínimo de 2 años en barrica y 3 años en botella)

<u>DENOMINACIONES DE ORIGEN MÁS CONOCIDAS:</u>

<u>TINTOS</u> - **REDS:** Rioja, Ribera del Duero, Toro, Priorat, Navarra, Cariñena, La Mancha, Valdepeñas, Jumilla, Bierzo, Almansa, Montsant, Yecla, Campo de Borja, Castilla, Valdepeñas, Manchuela

<u>BLANCOS</u> - **WHITES:** Rías Baixas (Albariño), Rueda, Penedès, Ribeiro Valdeorras, Txacolí (Basque Country), Alella, Lanzarote

<u>ROSADOS</u> - **ROSÉS:** Navarra, Cigales, Utiel-Requena

<u>OTRAS REGIONES</u> - **OTHER REGIONS (REDS, WHITES AND ROSÉS):** Somontano, Penedès, Costers del Segres, Catalunya, Madrid

<u>VINOS DULCES</u> - **SWEET WINES:** Valencia (Muscatel), Malaga (Pedro Ximenez), Montilla-Moriles (Pedro Ximenez), Lanzarote (Malvasía)

NOTAS DE CATA DE UVAS ESPAÑOLAS POPULARES

TASTING NOTES OF POPULAR SPANISH GRAPES

<u>Young Tempranillo – Tempranillo Joven</u>

- **Tasting Notes:** Sour Cherry, Plum, Spicy Black Pepper and Bay Leaf

  (Cereza Ácida, Ciruela, Pimienta Negra y Laurel)

- **Regiones:** Rioja *Crianza*, Ribera del Duero *Roble* and *Crianza*, Valdepeñas, Tinto de Toro, La Mancha, Castilla-León, Extremadura

<u>Aged Tempranillo – Tempranillo Añejo</u>

- **Tasting Notes:** Cherry, Dried Fig, Vanilla and Cedar

  (Cereza, Higo Deshidratado, Vainilla y Cedro)

- **Regiones:** Rioja *Reserva*, Ribera del Duero *Reserva*, Toro *Reserva*

<u>Young Garnacha – Garnacha Joven</u>

- **Tasting Notes:** Strawberry, Ruby Red Grapefruit, Hibiscus and Black Tea

  (Fresa, Pomelo Rojo, Hibisco y Té Negro)

- **Regiones:** Calatayud, Somontano, Navarra, Cariñena, Campo de Borja, La Mancha

Fine Garnacha and Garnacha Blends – Garnacha Fina y Mezclas de Garnacha

- **Tasting Notes:** Grilled Plum, Red Licorice, Juniper and Crushed Gravel

  (Ciruela A La Parrilla, Regaliz Rojo, Enebro y Grava Molida (Toques Minerales)

- **Regiones:** Vinos de Madrid, Campo de Borja, Priorat, Méntrida

Monastrell

- **Tasting Notes:** Blackberry Sauce, Chocolate, Potting Soil and Smoke

  (Salsa de Mora, Chocolate, Sabor Terroso y Humo)

- **Regions:** Jumilla, Alicante, Valencia, Bullas, La Mancha, Yecla

<u>Mencía</u>

- **Tasting Notes:** Pomegranate, Black Licorice, Crushed Gravel and Graphite

  (Granada, Regaliz Negro, Grava Molida (Toques minerales)   y Grafito)

- **Regiones:** Bierzo, Ribeira Sacra, Monterrey, Valdeorras

Bobal

- **Tasting Notes:** Black Cherry, Dried Green Herbs, Violet and Cocoa Powder

  (Cereza Negra, Hierbas Aromáticas Verdes Deshidratadas, Violetas y Cacao en Polvo)

- **Regiones:** Utiel-Requena, Manchuela

TERMINOLOGÍA FUNDAMENTAL DEL VINO

ESSENTIAL WINE TERMINOLOGY

Abridor de Vino – **WINE OPENER**
Añejo – **AGED**
Año de Cosecha – **YEAR OF VINTAGE**
Blanco de la Casa – **HOUSE WHITE**
Bodega (Donde se Fabrica el Vino) – **WINERY / VINEYARD**
Bodega (En El Restaurante) – **WINE CELLAR**
Botella de Vino – **BOTTLE OF WINE**
Brut – **VERY DRY**
Copa de Vino – **GLASS OF WINE**
Corcho – **CORK**
Cosecha / Añada – **VINTAGE**
Decantador – **DECANTER**
Decantar – **TO DECANT**
Del Tiempo – **ROOM TEMPERATURE**

Vino Dulce – **DESSERT WINE / SWEET WINE**	
Dulce – **SWEET**	
Enfríar el Vino Blanco – **TO CHILL**	
Etiqueta – **LABEL**	
Frío (El Vino Blanco tipo Sauvignon Blanc, Chardonnay o Albariño) – **CHILLED**	
Jerez – **SHERRY**	
Probar (El Vino) – **TO TRY / TO TASTE**	
Rosado – **ROSE**	
Sacacorchos – **CORKSCREW**	
Seco – **DRY**	
Semi-Seco – **MEDIUM-DRY / SEMI-SWEET / SEMI-DRY**	
Tinto de la Casa – **HOUSE RED**	
Uva – **GRAPE**	
Verter el Vino en la Copa – **TO POUR THE WINE INTO THE GLASS**	
Vid – **VINE**	
Vino de la Casa – **HOUSE WINE**	

Vino de Mesa **– TABLE WINE**
Vino Espumoso **– SPARKLING WINE**
Vinos del Nuevo Mundo **– NEW WORLD WINES**
Viñedo / Viña **– VINEYARD**

DESCRIPCIÓN DE OLOR Y SABOR

Ácido **– SOUR / TART / ACIDIC**
Afrutado **– FRUITY**
Ahumado **– SMOKY**
Amargo **– BITTER**
Aroma **– NOSE/ AROMA**
Aroma (Para Vinos con Crianza) **– BOUQUET**
Áspero (Con Fuertes Taninos) **– ROUGH / HARD**
Bien Equilibrado **– WELL-BALANCED**
Color **– COLOR**
Complejo / Profundo **– COMPLEX**
Con Cuerpo **– FULL-BODIED**

Contaminado – **CONTAMINATED**	
Cremoso (Para Vinos Blancos y Cavas) – **CREAMY**	
Delicioso – **DELICIOUS**	
El Final (Del Vino) – **THE FINISH (OF THE WINE)**	
Elegante – **ELEGANT**	
Especiado – **SPICY TASTE**	
Fresco – **FRESH**	
Fuerte – **STRONG**	
Mantecoso – **BUTTERY**	
Oler – **TO SMELL**	
Olor – **SMELL**	
Oxigenar el Vino (Antes de Beberlo) – **LET IT BREATHE (BEFORE DRINKING IT)**	
Profundidad (Aspecto de Complejidad en el Sabor) – **DEPTH**	
Redondo – **ROUND**	
Sabor – **TASTE / FLAVOR**	
Sabor a Madera – **WOODEN FLAVOR**	

Sabor a Roble – **OAKY**	
Sabor a Tabaco – **TOBACCO TASTE**	
Sabor Dominante – **DOMINATING TASTE / FLAVOR**	
Sabor General – **OVERALL TASTE**	
Sabor Seco y Ácido (Placentero, Solo para Vinos Blancos) – **CRISP TASTE**	
Sabor Sutil A... – **SUBTLE TASTE OF...**	
Sabor Tostado – **TOASTY FLAVOR**	
Sabor a Chocolate (Cabernet Sauvignon y Pinot Noir) – **CHOCOLATY**	
Se Siente Pesado en la Boca – **IT FEELS HEAVY IN THE MOUTH**	
Sedoso – **SILKY**	
Sin Olor / Sin Sabor / Soso – **BLAND NOSE / BLAND TASTE**	
Suave – **SMOOTH**	
Sutil – **SUBTLE**	
Tanino – **TANNIN**	
Turbio – **CLOUDY**	
Un Toque De... – **A HINT OF ...**	

Uvas Maduras – **RIPE GRAPES**
Vino Cosecha o Joven – **YOUNG VINTAGE**
Vino Picado – **CORKED**

UTENSILIOS DE BAR **– BAR UTENSILS**

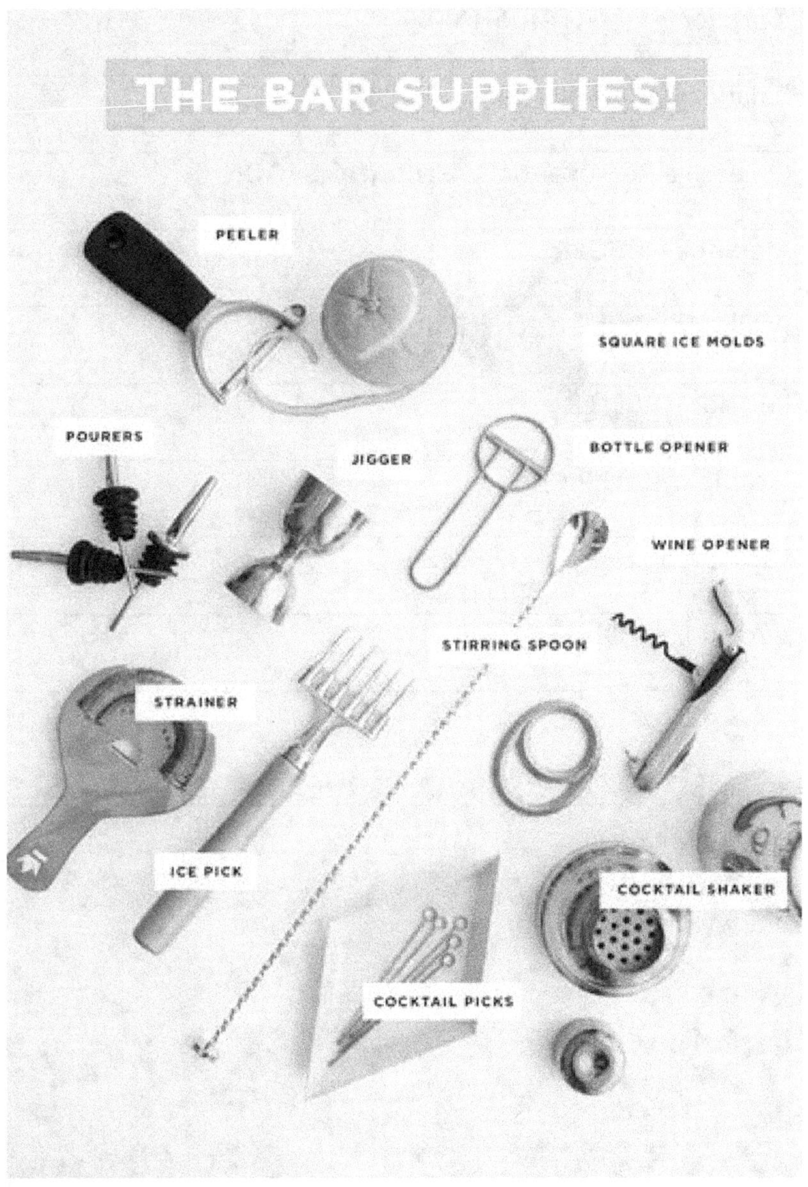

Abrebotellas – **BOTTLE OPENER**
Agitador – **COCKTAIL SHAKER**
Colador – **STRAINER**
Cucharilla Removedora – **STIRRING SPOON**
Medidor – **JIGGER**
Palillo de Coctail – **COCKTAIL PICK**
Pelador – **PEELER**
Picahielo – **ICE PICK**
Sacacorchos – **WINE OPENER**
Vertedor – **POURER**

VASOS Y COPAS PARA CERVEZA – <u>**BEER GLASSES**</u>

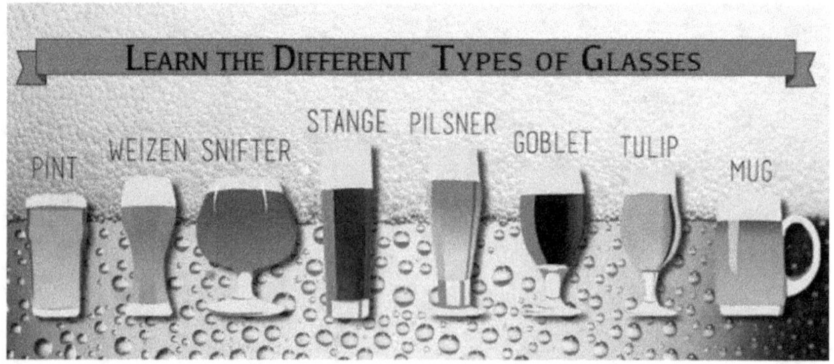

OTROS VASOS Y COPAS PARA BEBIDAS VARIADAS

CAPÍTULO 4

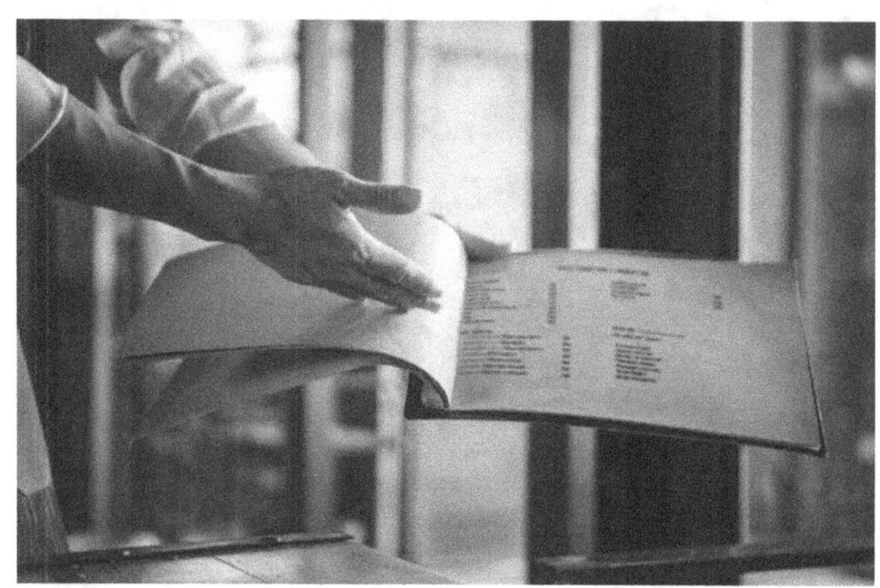

LA CARTA DE COMIDA

ALIMENTOS, INGREDIENTES Y TERMINOLOGÍA COMPLETA

La Carta de Comida – **THE MENU**

En éste capítulo vamos a centrarnos en la Carta de Comida. Empezaremos por analizar las diferentes **categorías de comida** presentes en la carta del restaurante, los diferentes **tipos de carne y sus puntos**, las diferentes **maneras de cocinar** y un listado de **terminología descriptiva referente al sabor y a la textura de los alimentos**. Completaremos el capítulo con una **tabla de los ingredientes de la comida y alimentos** por categorías.

Un restaurante puede tener varios tipos de Menú:

- Menú Del Día – **DAILY MENU / MENU OF THE DAY**

- Menús Especiales – **SPECIAL MENUS**

  - ❖ Menú Ejecutivo – **EXECUTIVE MENU**
  - ❖ Menú Familiar – **FAMILY MENU**
  - ❖ Menú Infantil – **CHILDREN´S MENU**
  - ❖ Menú de Noche – **NIGHT MENU**
  - ❖ Menú Fin de Semana – **WEEKEND MENU**

- Menú Degustación – **TASTING MENU**

Y por supuesto, A La Carta – **And of course, A LA CARTE.**

La carta de comidas puede tener *Estructura Simple* o *Estructura Compleja*.

—Estructura Simple — **SIMPLE STRUCTURE**

- o Entrantes – **STARTERS / APPETIZERS**
- o Platos Principales – **MAIN COURSES**
- o Postres – **DESSERT**

—Estructura Compleja — **COMPLEX STRUCTURE**

- o Entrantes Calientes – **HOT STARTERS**
- o Entrantes Fríos – **COLD STARTERS**
- o Ensaladas – **SALADS**
- o Pasta y Pizza – **PASTA AND PIZZA**
- o Sopas y Cremas – **SOUPS**
- o Pescado y Marisco – **FISH AND SHELLFISH / SEAFOOD**
- o Pescado del Día – **CATCH OF THE DAY**
- o Carne – **MEAT**
- o Platos de Caza – **GAME DISHES**
- o Arroces – **RICE**
- o Especialidades del Chef – **CHEF'S SPECIALS**
- o Postres – **DESSERTS**
- o Vinos Dulces – **DESSERT WINES**

TIPOS DE CARNE: La carne merece especial atención, pues consta de varios tipos o grupos. En algunos casos, el animal se dice de una manera y su carne de otra:

CARNE ROJA – **RED MEAT:**

VACUNO – **BEEF:** (Animal: Vaca / Buey – **Cow / Ox**)
           Ternera (Vacuno Joven) – **Veal**
CERDO – **PORK:** (Animal: Cerdo – **Pig / Hog**)
           Cochinillo – **Suckling Pig**
CORDERO – **LAMB:** (Animal: Oveja – **Sheep**)
           Carne de Oveja Adulta – **Mutton**
CABRITO – **GOAT:** (Animal: Cabra – **Goat**)
CONEJO – **RABBIT:** (Animal: Conejo – **Rabbit**)

AVES DE CORRAL – **POULTRY:**

POLLO – **CHICKEN:** (Animal: Pollo – **Chicken**)
PAVO – **TURKEY:** (Animal: Pavo – **Turkey**)
PATO – **DUCK:** (Animal: Pato – **Duck**)

CAZA – **GAME:**

VENADO – **VENISON:** (Animal: Ciervo – **Deer**)
JABALÍ – **WILD BOAR:** (Animal: Jabalí – **Wild Boar**)
LIEBRE – **HARE:** (Animal: Liebre – **Hare**)
CODORNIZ – **QUAIL:** (Animal: Codorniz – **Quail**)
PERDIZ – **PARTRIDGE:** (Animal: Perdiz – **Partridge**)
FAISÁN – **PHEASANT:** (Animal: Faisán – **Pheasant**)

Algunos ejemplos de platos de carne son:

Chuletón – **BEEF STEAK / T-BONE STEAK**
Solomillo – **SIRLOIN / TENDERLOIN**
Solomillo Filet Miñón – **FILLET MIGNON**
Lomo de Cerdo – **PORK LOIN**
Costillas de Cerdo – **PORK RIBS**
Entrecot – **ENTRECOTTE / STEAK**
Chuleta (de Cerdo o de Ternera) – **PORK CHOP / VEAL CHOP**
Chuletitas de Cordero Lechal – **BABY LAMB CUTLETS**
Filete (Empanado) – **(BREADED) FILLET / STEAK**
Hamburguesa de Vacuno / de Pollo – **BEEF / CHICKEN BURGER**
Cordero Asado – **ROASTED LAMB**
Cochinillo Asado – **ROASTED SUCKLING PIG**
Pechuga de Pollo a la Parrilla – **GRILLED CHICKEN BREAST**
Pollo Asado – **ROASTED CHICKEN**

PUNTOS DE LA CARNE – **COOKING POINTS / STEAK DONENESS**

Veamos los diferentes puntos de la carne:

- Extra Poco Hecho/ Azul – **BLUE / EXTRA RARE**
- Muy Poco Hecho / Marcada – **RARE**
- Poco Hecho / Punto Menos – **MEDIUM-RARE**
- Al Punto / Término Medio – **MEDIUM**
- Punto y Medio / Punto Más – **MEDIUM-WELL**
- Bien Hecha / Muy Hecha – **WELL-DONE**

Este gráfico nos lo enseña claramente de forma visual:

GRADOS DE COCCIÓN DE LA CARNE

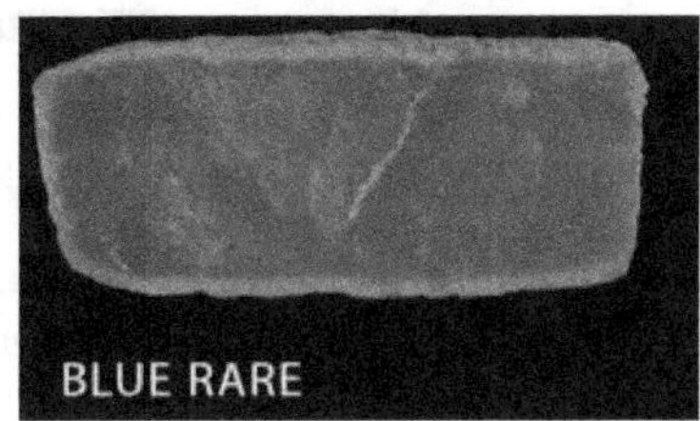

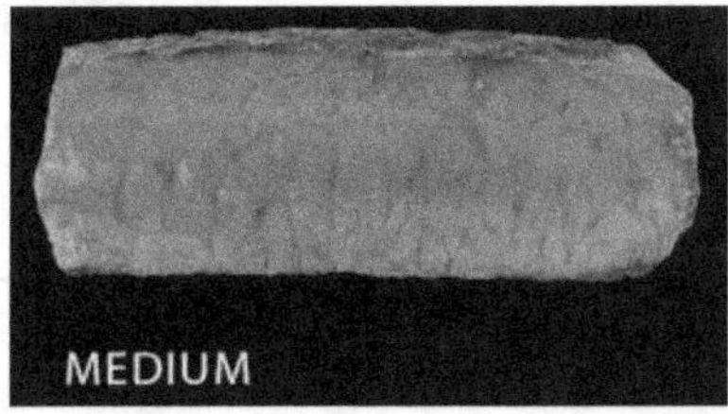

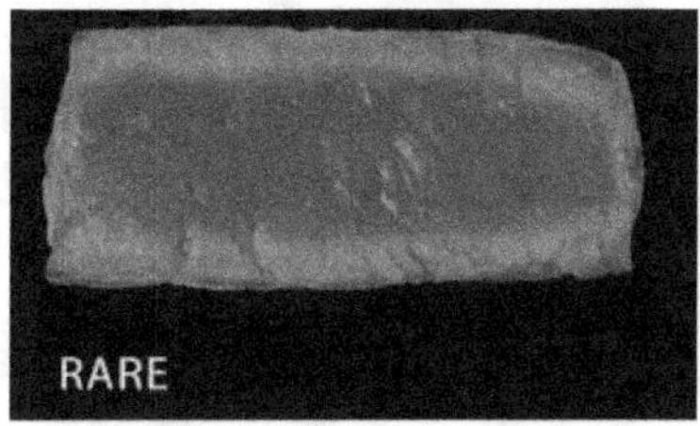

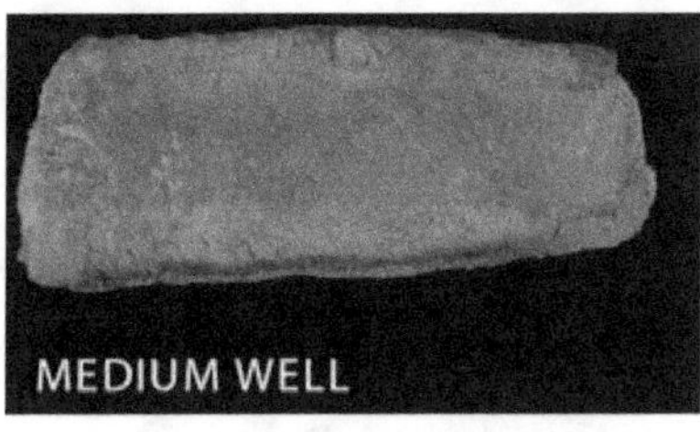

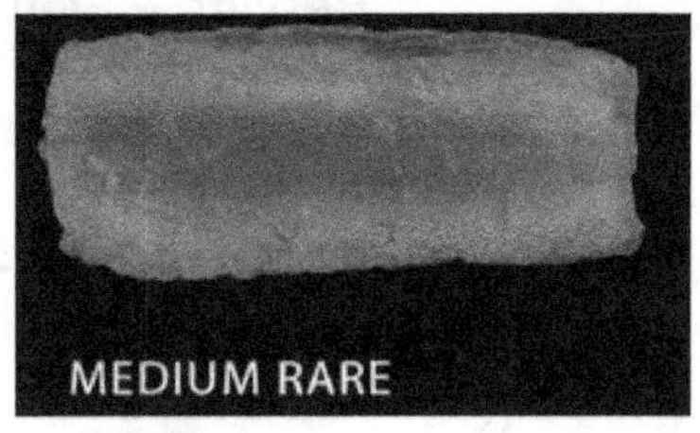

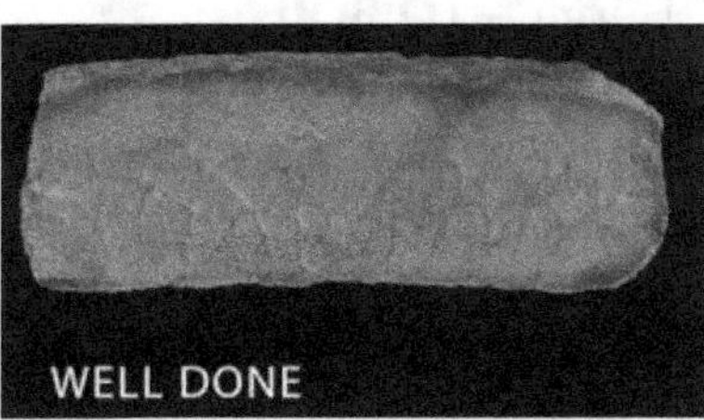

<u>MANERAS DE COCINAR</u> – **METHODS OF COOKING**

Ahumar – **TO SMOKE**	Ahumado – **SMOKED**
Cocer a fuego lento – **TO SIMMER**	Cocido – **SIMMERED**
Cocinar – **TO COOK** Cocinado – **COOKED** Hecho de Más / de Menos – **OVERCOOKED / UNDERCOOKED**	
Cocinar al Vapor – **TO STEAM**	Hecho al Vapor – **STEAMED**
Escalfar – **TO POACH**	Escalfado – **POACHED**
Estofar – **TO BRAISE**	Estofado – **BRAISED**
Freir – **TO FRY**	Frito – **FRIED**
Freir Removiendo – **TO STIR-FRY**	Frito Revuelto – **STIR-FRIED**
Guisar – **TO STEW**	Guisado – **STEWED**
Hacer a la Barbacoa – **TO BARBECUE**	**BARBECUED**
Hacer a la Brasa / Asar – **TO ROAST**	Asado – **ROASTED**
Hacer a la Parrilla – **TO GRILL / TO BROIL**	**GRILLED / BROILED**
Hervir – **TO BOIL**	Hervido – **BOILED**
Hornear – **TO BAKE**	Horneado – **BAKED**
Saltear – **TO SAUTÉE**	Salteado – **SAUTEED**
Tostar – **TO TOAST**	Tostado – **TOASTED**

EL SABOR Y LA TEXTURA DE LOS ALIMENTOS
DESCRIBING THE FLAVOR AND TEXTURE OF FOOD

Aceitoso – **OILY**	
Ácido – **ACIDIC /SOUR / TART / TANGY**	
Ácido, Vigoroso – **ZESTY**	
Agrio – **SOUR**	
Ahumado – **SMOKY**	
Amargo – **BITTER**	
Apetecible, Que Hace la Boca Agua – **MOUTHWATERING**	
Apetitoso – **APPETIZING**	
Asqueroso – **NASTY**	
Azucarado – **SUGARY**	
Blando – **SOFT / MUSHY**	
Chorreante, Pegajoso – **GOOEY/ STICKY**	
Comida Salada – **SAVOURY FOOD**	
Cremoso – **CREAMY**	
Crocante – **CRUNCHY**	

Crujiente – **CRISPY**	
Delicioso – **DELICIOUS**	
Dulce – **SWEET**	
Duro – **HARD**	
Especiado, Condimentado – **SPICY**	
Firme, Consistente – **FIRM**	
Fuerte – **STRONG**	
Gomoso, Chicloso – **CHEWY**	
Grasiento – **GREASY**	
Hojaldroso, como un Croissant – **FLAKY**	
Horrible – **HORRIBLE / AWFUL**	
Húmedo – **MOIST**	
Intenso – **RICH / INTENSE**	
Jugoso – **JUICY**	
Maduro – **RIPE**	
Picante – **HOT**	
Podrido – **ROTTEN**	

Rancio – **RANCID**
Sabor Salado – **SALTY**
Sabroso – **TASTY**
Sin Sabor – **TASTELESS**
Soso – **BLAND**
Suave – **MILD**
Suave, Delicado – **SMOOTH**

TABLA DE INGREDIENTES DE LA COMIDA Y ALIMENTOS

Fruta – FRUIT

Albaricoque – **APRICOT**
Arándano Agrio – **CRANBERRY**
Arándano Azul – **BLUEBERRY**
Bayas – **BERRIES**
Cereza – **CHERRY**
Ciruela – **PLUM**
Coco – **COCONUT**
Dátiles – **DATES**
Frambuesa – **RASPBERRY**
Fresa – **STRAWBERRY**
Frutos Rojos – **RED BERRIES**
Granada – **POMEGRANATE**
Grosella Espinosa – **GOOSEBERRY**
Grosella Negra – **BLACKCURRANT**

Grosella Roja – **REDCURRANT**	
Higo – **FIG**	
Kiwi – **KIWI FRUIT**	
Lima – **LIME**	
Limón – **LEMON**	
Mandarina – **TANGERINE**	
Mango – **MANGO**	
Manzana – **APPLE**	
Melocotón – **PEACH**	
Melón – **MELON / CANTALOUPE**	
Naranja – **ORANGE**	
Nectarina – **NECTARINE**	
Pasas – **RAISINS**	
Pera – **PEAR**	
Piña – **PINEAPPLE**	
Plátano – **BANANA**	
Pomelo – **GRAPEFRUIT**	

Ruibarbo – **RHUBARB**
Sandía – **WATERMELON**
Uva – **GRAPE**
Zarzamora – **BLACKBERRY**

Pescado – FISH

Abadejo – **HADDOCK**
Anchoa – **ANCHOVY**
Anguila – **EEL**
Angulas – **ELVERS**
Arenque – **HERRING**
Arenque Ahumado – **KIPPER**
Atún – **TUNA**
Bacalao – **COD**
Besugo – **SEA BREAM**
Bonito – **ALBACORE**

Boquerón – **FRESH ANCHOVY**	
Caballa – **MACKEREL**	
Calamar – **SQUID**	
Dorada – **GILTHEAD**	
Emperador / Pez Espada – **SWORDFISH**	
Fletán – **HALIBUT**	
Lenguado – **SOLE**	
Lubina – **SEA BASS**	
Merluza – **HAKE**	
Mero – **GROUPER**	
Morena – **MORAY EEL**	
Pargo – **SNAPPER**	
Pescadilla – **WHITING**	
Pulpo – **OCTOPUS**	
Rape – **ANGLER FISH / MONKFISH**	
Raya – **SKATE / RAY**	
Rodaballo – **TURBOT**	

Salmón – **SALMON**
Salmón Ahumado – **SMOKED SALMON**
Salmonete – **RED MULLET**
Sardina – **SARDINE**
Sardina Noruega – **BRISLING**
Sepia – **CUTTLEFISH**
Tiburón – **SHARK**
Trucha – **TROUT**

Marisco – SHELLFISH / SEAFOOD

Almeja – **CLAM**
Berberechos – **COCKLES**
Cangrejo de Mar – **CRAB**
Cangrejo de Río – **CRAYFISH**
Centollo – **SPIDER CRAB**
Cigalas – **DUBLIN BAY PRAWN**

Gamba – **SHRIMP**	
Gambón – **JUMBO SHRIMP**	
Langosta/Bogavante – **LOBSTER**	
Langostino – **PRAWN**	
Mejillones – **MUSSELS**	
Navajas – **RAZOR CLAMS**	
Nécora – **SMALL CRAB**	
Ostras – **OYSTERS**	
Percebe – **BARNACLE**	
Vieira – **SCALLOP**	

Verduras y Hortalizas – VEGETABLES

Aceitunas – **OLIVES**	
Acelga – **BEET GREENS**	
Aguacate – **AVOCADO**	
Ajo – **GARLIC**	

Alcachofa – **ARTICHOKE**
Alcaparras – **CAPERS**
Apio – **CELERY**
Berenjena – **AUBERGINE (UK) / EGGPLANT (US)**
Berza – **SPRING CABBAGE**
Berro – **WATERCRESS**
Boniato/ Batata – **SWEET POTATO**
Borraja – **BORAGE**
Brócoli – **BROCCOLI**
Brotes de Soja – **BEANSPROUTS**
Calabacín – **COURGETTE (UK) / ZUCCHINI (US)**
Calabacín – **SQUASH**
Calabaza – **PUMPKIN**
Canónigos – **LAMB´S LETTUCE**
Cebolla – **ONION**
Cebolleta – **SPRING ONION**
Cebollino – **SIBULET / CHIVES**

Cebollitas – **BABY ONIONS**
Centros de Alcachofas – **ARTICHOKE HEARTS**
Chalote – **SCALLION / SHALLOT**
Champiñones / Setas – **MUSHROOMS**
Chile – **CHILLI / CHILLI PEPPER**
Chirivía – **PARSNIP**
Cogollo – **LETTUCE HEARTS**
Col – **CABBAGE**
Col Lombarda / Col Roja – **RED CABBAGE / LOMBARDY CABBAGE**
Col Rizada – **SAVOY CABBAGE**
Col Verde – **GREEN CABBAGE**
Coles de Bruselas – **BRUSSELS SPROUTS**
Coliflor – **CAULIFLOWER**
Diente de Ajo – **CLOVE OF GARLIC**
Endibia – **ENDIVE**
Escarola – **ESCAROLE / CURLY ENDIVE**
Espárragos – **ASPARAGUS**

Espinaca – **SPINACH**
Guisantes – **PEAS**
Jengibre – **GINGER**
Judías Verdes – **GREEN BEANS**
Lechuga – **LETTUCE**
Lechuga (de hoja) Rizada – **CURLED LETTUCE / FRISÉE**
Lechuga Hoja de Roble – **OAK LEAF LETTUCE**
Lechuga Iceberg – **ICEBERG LETTUCE**
Lechuga Romana – **ROMAINE / COS LETTUCCE**
Lollo (Rosso) – **RED LETTUCE**
Maíz – **CORN**
Maíz Tierno – **SWEETCORN**
Mazorca de Maíz – **CORN ON THE COB**
Nabicol – **SWEDE**
Nabo – **TURNIP**
Palmitos – **PALM HEART / PALM CABBAGE**
Patata – **POTATO (PLURAL: POTATOES)**

Pepino – **CUCUMBER**
Pimiento – **PEPPER**
Pimiento Morrón – **SWEET PEPPER**
Pimiento Rojo – **RED PEPPER**
Pimiento Verde – **GREEN PEPPER**
Pimientos de Padrón – **PADRÓN PEPPERS**
Puerro – **LEEK**
Rábano – **RADISH**
Rábano japonés / Wasabi – **WASABI**
Remolacha – **BEETROOT**
Repollo – **CABBAGE**
Rúcula – **ROCKET / ARUGULA**
Tirabeques – **TENDER PEAS**
Tomate – **TOMATO (PLURAL: TOMATOES)**
Tomate en Rama – **VINE TOMATOES**
Tomate Pera – **PLUM TOMATO**
Verdura del Tiempo – **SEASONAL VEGETABLES**

Zanahoria – **CARROT**

Legumbres – LEGUMES / PULSES / BEANS

Alubias / Judías Blancas – **WHITE BEANS**
Alubias Negras / Judías Negras – **BLACK BEANS**
Alubias Pintas / Judías Pintas – **RED-KIDNEY BEANS / RUNNER BEANS**
Frijoles – **HARICOT BEANS**
Garbanzos – **CHICKPEAS**
Habas – **BROAD BEANS / BUTTER BEANS**
Habas Baby – **BABY BROAD BEANS**
Lentejas – **LENTILS**

Hierbas y Especias – HERBS AND SPICES

Ajo – **GARLIC**
Ajo Molido – **CRUSHED GARLIC**
Albahaca – **BASIL**

Aliño – **DRESSING / SEASONING**	
Anís – **ANISEED / ANISE**	
Anís Dulce – **SWEET ANISE**	
Anís Estrellado – **STAR ANISE**	
Azafrán – **SAFFRON**	
Canela – **CINNAMON**	
Cardamomo – **CARDAMOM**	
Cilantro – **CORIANDER**	
Clavo – **CLOVE**	
Colorante – **COLOURING**	
Comino – **CUMIN**	
Cúrcuma – **TURMERIC**	
Eneldo – **DILL**	
Guindilla – **HOT PEPPER / CHILLI PEPPER**	
Hinojo – **FENNEL**	
Jalapeño – **JALAPEÑO PEPPER**	
Laurel – **BAY LEAF**	

Menta / Hierbabuena – **PEPPERMINT/ SPEARMINT**	
Nuez Moscada – **NUTMEG**	
Ñora – **SWEET RED PEPPER**	
Orégano – **OREGANO**	
Perejil – **PARSLEY**	
Pimentón – **PAPRIKA**	
Pimienta – **PEPPER**	
Pimienta Blanca – **WHITE PEPPER**	
Pimienta de Cayena – **RED PEPPER / CAYENNE PEPPER**	
Pimienta en Grano – **PEPPERCORN**	
Pimienta Molida – **GROUND PEPPER**	
Pimienta Negra – **BLACK PEPPER**	
Pimienta Rosa – **PINK PEPPER**	
Pimienta Verde – **GREEN PEPPER**	
Polvo de Curry – **CURRY POWDER**	
Polvo Picante – **CHILLI POWDER**	
Romero – **ROSEMARY**	

Sal – **SALT**
Sal de Ajo – **GARLIC SALT**
Sal de Mesa / Sal Fina – **TABLE SALT**
Sal Gruesa – **COARSE SALT**
Salpimienta – **SALT AND PEPPER**
Salvia – **SAGE**
Sémola – **SEMOLINA**
Sésamo / Ajonjolí – **SESAME**
Tomillo – **THYME**
Vainilla – **VANILLA**

Condimentos y Salsas – CONDIMENTS AND SAUCES

Aceite – **OIL**
Aceite Aromatizado – **FLAVOURED OIL**
Aceite de Girasol – **SUNFLOWER OIL**
Aceite de Oliva – **OLIVE OIL**
Aceite de Sésamo – **SESAME OIL**

Aceite Especiado – **SPICED OIL**
Aceite Virgen – **VIRGIN OLIVE OIL**
Aceite Virgen Extra – **EXTRA VIRGIN OLIVE OIL**
Alioli / Aioli – **GARLIC SAUCE**
Bechamel – **BÉCHAMEL SAUCE**
Escabeche – **BRINE**
Guarnición / Acompañamiento – **GARNISH / SIDE-DISH**
Jugo de Carne – **GRAVY**
Ketchup / Catsup – **KETCHUP**
Marinada – **MARINADE**
Mayonesa – **MAYONNAISE**
Miel – **HONEY**
Mostaza – **MUSTARD**
Pesto – **PESTO SAUCE**
Romesco – **ROMESCO SAUCE**
Salsa – **SAUCE**
Salsa "Ranch" – **RANCH SAUCE**

Salsa Agridulce – **SWEET-AND-SOUR SAUCE**

Salsa Blanca – **WHITE SAUCE / CREAM SAUCE**

Salsa de Mostaza – **MUSTARD SAUCE**

Salsa de Rábano Rusticano – **HORSERADISH SAUCE**

Salsa de Roquefort – **ROQUEFORT SAUCE**

Salsa de Soja – **SOY SAUCE**

Salsa de Tomate – **TOMATO SAUCE**

Salsa Holandesa – **HOLLANDAISE SAUCE**

Salsa Perrins – **WORCESTERSHIRE SAUCE**

Salsa Picante – **HOT SAUCE**

Salsa Rosa – **COCKTAIL SAUCE / MARIE ROSE SAUCE**

Salsa Tártara – **TARTAR SAUCE**

Sofrito – **MIXTURE OF ONION, GARLIC AND TOMATO SAUCE**

Soja – **SOYA / SOY**

Tabasco – **TABASCO SAUCE**

Tomate Marinado – **MARINATED TOMATO**

Tomate Triturado – **CRUSHED TOMATO**

Tomate Frito – **FRIED TOMATO**
Vinagre – **VINEGAR**
Vinagre Aromático – **FLAVOURED VINEGAR**
Vinagre Balsámico – **BALSAMIC VINEGAR**
Vinagre de Jerez – **SHERRY VINEGAR**
Vinagre de Manzana – **APPLE (CIDER) VINEGAR**
Vinagre de Módena – **MODENA VINEGAR**
Vinagre Especiado – **SPICED VINEGAR**
Vinagreta / Salsa Vinagreta – **VINAIGRETTE**

Productos Lácteos y Huevos – DAIRY PRODUCTS & EGGS

Bajo en Grasas – **LOW-FAT**
Crema / Nata – **CREAM**
Crema Agria – **SOUR CREAM**
Huevos – **EGGS**
Huevo de Avestruz – **OSTRICH EGG**

Huevo Duro / Huevo Cocido – **HARD-BOILED EGG**	
Huevo Frito / Huevo Estrellado – **FRIED EGG / SUNNY-SIDE-UP**	
Huevo Pasado por Agua – **SOFT-BOILED EGG**	
Huevo Relleno – **STUFFED EGG**	
Huevos de Codorniz – **QUAIL'S EGGS**	
Huevos Naturales – **FREE RANGE EGGS**	
Huevos Pochados – **POACHED EGGS**	
Yema de Huevo – **EGG YOLK**	
Clara de Huevo – **EGG WHITE**	
Leche – **MILK**	
Leche Condensada – **CONDENSED MILK**	
Leche Cuajada – **CURDLED MILK**	
Leche Desnatada – **SKIMMED MILK**	
Leche en Polvo – **DRIED MILK / POWDERED MILK**	
Leche Entera – **FULL-FAT MILK / WHOLE MILK**	
Leche Pasteurizada – **PASTEURIZED MILK**	
Leche Semidesnatada – **SEMI-SKIMMED MILK**	

Mantequilla – **BUTTER**
Mantequilla con Sal – **SALTED BUTTER**
Margarina – **MARGARINE**
Nata Montada – **WHIPPED CREAM**
Queso – **CHEESE**
Queso Azul – **BLUE CHEESE**
Queso Crema – **CREAM CHEESE**
Queso de Cabra – **GOAT CHEESE**
Queso de Oveja – **SHEEP'S CHEESE**
Queso Duro – **HARD CHEESE**
Queso Fresco o Requesón – **COTTAGE CHEESE**
Queso Maduro – **MATURE CHEESE**
Queso para Untar – **CHEESE SPREAD**
Queso Parmesano – **PARMESAN CHEESE**
Suero – **WHEY**
Suero de la Leche – **BUTTERMILK**
Tortilla – **OMELETTE**

Tortilla a la Francesa – **FRENCH OMELETTE**
Tortilla Española / Tortilla de Patatas – **SPANISH OMELETTE**
Yogur – **YOGHOURT**

Cereales y Derivados – CEREALS AND DERIVATES

Alforfón – **BUCKWHEAT**
Amaranto – **AMARANTH**
Arroz – **RICE**
Arroz Integral – **BROWN RICE**
Arroz Salvaje – **WILD RICE**
Avena – **OATS / OATMEAL**
Bulgur (Trigo Partido) – **BULGUR (CRACKED WHEAT)**
Cebada – **BARLEY**
Cebada de Grano Entero – **WHOLE GRAIN BARLEY**
Centeno – **RYE**
Cereal de Avena – **OAT CEREAL**

Cereales – **CEREALS**	
Copos de Avena – **OAT FLAKES**	
Copos de Cereal de Trigo – **INTEGRAL ROLLED WHEAT CEREAL**	
Copos de Maíz – **CORN FLAKES**	
Cuscús de Trigo Integral – **WHOLE WHEAT COUSCOUS**	
Espelta – **SPELLED**	
Fideo – **NOODLE**	
Galletas de Trigo Integral – **WHOLE WHEAT CRACKERS**	
Grano – **GRAIN**	
Granos de Trigo – **WHEAT GRAINS**	
Harina – **FLOUR**	
Harina de Arroz – **GROUND RICE**	
Harina de Centeno Integral – **RYE FLOUR**	
Harina de Maíz – **CORN FLOUR**	
Harina de Maíz de Grano Entero – **WHOLE GRAIN CORN FLOUR**	
Harina de Trigo – **WHEAT MEAL**	
Harina Integral – **WHOLEMEAL FLOUR**	

Linaza – **LINSEED**
Maíz – **CORN / MAIZE**
Mijo – **MILLET**
Palomitas de Maíz – **POPCORN**
Pan – **BREAD**
Pan de Barra – **LOAF OF BREAD**
Pan Blanco – **WHITE BREAD**
Pan Casero – **HOMEMADE BREAD**
Pan de Ajo – **GARLIC BREAD**
Pan de Arroz Integral – **BROWN RICE LOAF**
Pan de Avena – **OAT BREAD**
Pan de Centeno – **RYE BREAD**
Pan de Molde – **THIN-CRUSTED BREAD**
Pan de Trigo Integral – **WHOLE WHEAT BREAD**
Pan Duro – **STALE BREAD**
Pan Fresco – **FRESH BREAD**
Pan en Hogaza – **COTTAGE LOAF**

Pan Moreno – **BROWN BREAD**
Pan Pita de Trigo Integral – **WHOLE WHEAT PITA BREAD**
Pan Rallado – **BREADCRUMBS**
Pan Tostado – **TOAST**
Panecillos de Trigo Integral – **WHEAT MUFFINS**
Pasta – **PASTA**
Pasta de Trigo Integral – **WHOLE WHEAT PASTA**
Quinoa – **QUINOA**
Sorgo – **SORGHUM**
Tortillas de Arroz Integral – **BROWN RICE TORTILLAS**
Tortillas de Trigo Integral – **WHOLE WHEAT TORTILLAS**
Trigo – **WHEAT**

Frutos Secos – NUTS

Almendra – **ALMOND**
Anacardo – **CASHEWS**

Avellana – **HAZELNUT**	
Bellota – **ACORN**	
Cacahuete – **PEANUT**	
Castañas – **CHESTNUTS**	
Nueces – **WALNUT**	
Nuez de Macadamia – **MACADAMIA**	
Nuez Pecana – **PECANS**	
Piñón – **PINE NUT**	
Pipas de Calabaza – **PUMPKIN SEEDS**	
Pipas de Girasol – **SUNFLOWER SEED**	
Pistacho – **PISTACHIO**	

Embutidos y Otras Carnes – COLD MEATS & OTHER MEATS

Alitas de Pollo – **CHICKEN WINGS**
Butifarra – **BOILED CATALAN SAUSAGE**
Carne Magra – **LEAN MEAT**

Carne de Matanza – **MINCED SAUSAGE**	
Cecina – **BEEF JERK / BEEF CURED MEAT**	
Chistorra – **THIN SPICY SAUSAGE**	
Chorizo – **CHORIZO / SPICY SAUSAGE**	
Fuet – **DRIED SPICY SAUSAGE**	
Hígado – **LIVER**	
Jabugo – **JABUGO HAM**	
Jamón de Bellota – **ACORN-FED HAM**	
Jamón de Pavo – **TURKEY HAM**	
Jamón de York / Jamón en Dulce – **BOILED HAM**	
Jamón de York Ahumado – **GAMMON STEAK**	
Jamón Ibérico – **IBERIAN HAM**	
Jamón Serrano – **SERRANO HAM / CURED HAM**	
Lengua – **TONGUE**	
Lomo Embuchado – **CURED PORK LOIN**	
Longaniza – **DRIED SAUSAGE**	
Manitas de Cerdo – **PIG´S TROTTERS**	

Morcilla – **BLACK PUDDING / BLOOD SAUSAGE**
Morcilla de Arroz – **RICE SAUSAGE**
Morcón – **BULL SAUSAGE**
Mortadela – **MORTADELLA / BALONEY**
Mortadela de Olivas – **MORTADELLA WITH OLIVES**
Muslos de Pollo – **CHICKEN THIGHS**
Oreja – **PIG´S EAR**
Pate – **PÂTÉ / FOIE GRAS**
Pechuga de Pavo – **TURKEY BREAST**
Riñones – **KIDNEYS**
Rosbif – **ROAST BEEF**
Salami – **SALAMI**
Salchicha Alemana – **BRATWURST**
Salchichón – **SPICED THICK SAUSAGE**
Sesos – **BRAINS**
Sobrasada – **MAJORCAN SAUSAGE**
Tocino / Panceta – **BACON**

Tripa / Callos – **TRIPE**	

Dulces e Ingredientes para Postres – SWEETS AND DESSERT INGREDIENTS

Almíbar – **SYRUP**
Arroz con Leche – **RICE PUDDING**
Azúcar – **SUGAR**
Azúcar Blanca / Azúcar Blanquilla – **WHITE SUGAR**
Azúcar de Caña – **CANE SUGAR**
Azúcar en Polvo – **ICING SUGAR (UK) / CONFECTIONER'S SUGAR (USA)**
Azúcar en Terrón – **SUGAR LUMPS**
Azúcar Glasé – **ICING SUGAR**
Azúcar Moreno – **BROWN SUGAR**
Batido – **MILK SHAKE**
Batido de Fruta – **FRUIT SHAKE**
Bizcocho – **SPONGE CAKE**
Bizcocho Borracho – **SPONGE SOAKED IN WINE AND SYRUP**

Bollos / Pasteles – **PASTRY**

Bombón de Chocolate – **CHOCOLATE BOMBON**

Brownie – **BROWNIE**

Chocolate Blanco – **WHITE CHOCOLATE**

Chocolate con Leche – **MILK CHOCOLATE**

Chocolate Negro – **PLAIN / DARK CHOCOLATE**

Chocolatina – **CHOCOLATE BAR**

Churros – **FRIED DOUGH**

Compota – **COMPOTE / PRESERVE**

Confitura – **MARMALADE**

Crema / Nata – **CREAM**

Crema Catalana – **CATALAN CRÈME CARAMEL**

Crema Pastelera – **CRÈME PÂTISSIÈRE / CUSTARD**

Cucurucho / Cornete – **CONE / CORNET**

Donuts – **DOUGHNUTS**

Dulce de Membrillo – **QUINCE JELLY**

Dulces – **SWEETS (UK) / CANDY (USA)**

Flan – **CARAMEL CUSTARD**	
Fruta – **FRUIT**	
Galleta – **BISCUIT (UK) / COOKIE (USA)**	
Gelatina – **JELLY**	
Harina con Levadura – **SELF-RAISING FLOUR**	
Helado – **ICE CREAM**	
Huevo de Chocolate – **CHOCOLATE EGG**	
Huevo de Pascua – **EASTER EGG**	
Levadura de Cerveza – **YEAST**	
Levadura en Polvo – **BAKING POWDER**	
Macedonia de Frutas – **FRUIT SALAD**	
Madalena – **MUFFIN / CUPCAKE**	
Maizena – **CORNFLOUR**	
Mazapán – **MARZIPAN / ALMOND PASTE**	
Melocotón en Almíbar – **PEACH IN SYRUP**	
Membrillo – **QUINCE / QUINCE PRESERVE**	
Mermelada – **JAM (UK) / JELLY (USA)**	

Miel – **HONEY**
Mousse de Chocolate – **CHOCOLATE MOUSSE**
Nata Montada / Crema Batida – **WHIPPED CREAM**
Natilla de huevo – **EGG CUSTARD**
Natillas / Crema Inglesa – **CUSTARD**
Pastas de Té – **TEA BISCUITS**
Pastas Secas – **LITTLE SHORTCAKES**
Pastel / Tarta – **CAKE / PASTRY**
Pastel Danés – **DANISH PASTRY**
Pastelito de Chocolate – **LITTLE CHOCOLATE CAKE**
Polo – **ICE LOLLY / POPSICLE**
Postre – **DESSERT / SWEET**
Praliné – **PRALINÉ**
Púding / Pudin – **PUDDING**
Quiche – **QUICHE**
Recubrimiento – **COATING / FROSTING**
Rosco de Reyes / Roscón de Reyes – **TWELFTH-NIGHT CAKE**

Sorbete – **SORBET**
Tarta de Bodas / Tarta Nupcial – **WEDDING CAKE**
Tarta de Frutas – **FRUIT PIE**
Tarta de Manzana – **APPLE TART / APPLE PIE**
Tarta de Queso – **CHEESECAKE**
Tarta de Zanahoria – **CARROT CAKE**
Tarta Helada – **ICE CREAM CAKE**
Terrina / Tarrina – **TERRINE**
Tiramisú – **TIRAMISU**
Tofe / Toffee – **TOFFEE**
Torta – **PASTRY / TART**
Trufa – **CHOCOLATE TRUFFLES**
Turrón – **NOUGAT**
Turrón de Alicante / Turrón duro – **ALMOND NOUGAT**
Turrón de Chocolate – **CHOCOLATE NOUGAT**
Turrón de Coco – **COCONUT NOUGAT**
Turrón de Crocante – **CRUNCHY NOUGAT**

Turrón de Jijona – **XIXONA NOUGAT**
Turrón de Mazapán – **MARZIPAN NOUGAT**
Turrón de Nueces – **WALNUT NOUGAT**
Turrón de Yema – **EGG YOLK NOUGAT**
Vainilla – **VANILLA**

CAPÍTULO 5

LA SECUENCIA DE SERVICIO

RESOLUCIÓN DE INCIDENCIAS

Y OTRAS PETICIONES

LA SECUENCIA DE SERVICIO
THE SERVICE SEQUENCE

En este capítulo vamos a analizar en profundidad la terminología adecuada para poder llevar a cabo un perfecto servicio, desde la llegada del comensal al restaurante hasta su despedida, de manera que la experiencia del visitante sea lo más satisfactoria posible, y así valore positivamente y recomiende el restaurante en redes sociales. Esto último se ha convertido en una herramienta muy poderosa a la hora de atraer o repeler a clientes potenciales a nuestro negocio. Un buen servicio normalmente no se comenta, pero un mal servicio sí que se nota y se reseña, pudiendo herir la reputación y la imagen de un restaurante más de lo que un elogio puede conseguir ensalzarlo. Por lo tanto, utilizando un protocolo adecuado en inglés unido a nuestro saber hacer como profesionales del servicio nos asegurará un óptimo desempeño en nuestras funciones y una impresión muy favorable de cara al cliente internacional.

La Secuencia de Servicio comienza con la Reserva Telefónica, para dar paso a la llegada del comensal al restaurante, y el posterior servicio con la toma de la comanda, el pago y la despedida. Antes de analizar la reserva telefónica, vamos a ver como se dicen en inglés los números, las horas, los días y los meses, y las vocales y consonantes, pues el conocimiento de cantidades y fechas es fundamental. Un buen dominio de los mismos, nos garantizará el evitar errores y confusiones que repercutan negativamente en nuestro trabajo.

HORAS, FECHAS, NUMERACIÓN, DÍGITOS, VOCALES Y CONSONANTES

-PARTES DEL DÍA: PARTS OF THE DAY:

Morning: from 00:00 to 12:00 (from midnight or twelve AM to midday/noon or twelve PM)

(La madrugada o la mañana: desde la medianoche hasta el mediodía)

Afternoon: from 12:00 to 18:00

(La tarde: desde el mediodía hasta aproximadamente las 6 de la tarde)

Evening: from 18:00 to 21:00

(El final de la tarde y principio de la noche: desde las 6 de la tarde aproximadamente hasta las 9 de la noche)

Night: from 21:00 to 00:00

(La noche: desde las 9 hasta las 12 (medianoche))

-NÚMEROS: NUMBERS:

1 (**One**), 2 (**Two**), 3 (**Three**), 4 (**Four**), 5 (**Five**), 6 (**Six**), 7 (**Seven**), 8 (**Eight**), 9 (**Nine**), 10 (**Ten**), 11 (**Eleven**), 12 (**Twelve**), 13 (**Thirteen**) 14 (**Fourteen**), 15 (**Fifteen**), 16 (**Sixteen**), 17 (**Seventeen**),   18 (**Eighteen**), 19 (**Nineteen**), 20 (**Twenty**).

Del veinte en adelante, se dicen de la siguiente forma:

21 (**Twenty-one**), 22 (**Twenty-two**), 23 (**Twenty-three**), etc. 30 (**Thirty**), 40 (**Forty**), 50 (**Fifty**), 60 (**Sixty**), 70 (**Seventy**), 80 (**Eighty**), 90 (**Ninety**), 100 (**One hundred**), 200 (**Two hundred**), 300 (**Three hundred**), etc, 1000 (**One thousand**).

*Es muy importante no confundir **Thirteen** (13) con **Thirty** (30), o **Fourteen** (14) con **Forty** (40), y básicamente los números que terminan en **-teen** (del 13 al 19) con los que terminan en **-ty** (del 30 al 90), pues si de un grupo de personas se tratase, la diferencia sería tremenda y el desbarajuste monumental...*

Un ejemplo de varias maneras de decir el número de teléfono **607-463-600** sería:

Six-zero-seven-four-six-three-six-zero-zero

-O:

Six-oh-seven-four-six-three-six-double oh

-O:

Six-oh-seven-four-six-three-six hundred

-AÑOS: YEARS:

Los años en inglés se dicen en parejas, de dos en dos:

<u>1920</u>: **Nineteen** (19) **Twenty** (20) - **Nineteen-Twenty**

<u>1873</u>: **Eighteen** (18) **Seventy-Three** (73)

EXCEPCIONES- LOS CAMBIOS DE SIGLO:

<u>1900</u>: **Nineteen Hundred**

<u>1800</u>: **Eighteen Hundred**

<u>1700</u>: **Seventeen Hundred**

<u>2000</u>: **Two Thousand (OJO)**

A partir del 2001 al 2009, normalmente se dice:

<u>2001</u>: **Two Thousand-One / Two Thousand and One**

<u>2004</u>: **Two Thousand-Four / Two Thousand and Four**

<u>2009</u>: **Two Thousand-Nine / Two Thousand and Nine**

A partir del 2010 en adelante, lo normal es que se diga en parejas:

<u>2010</u>: **Twenty-Ten**

<u>2018</u>: **Twenty-Eighteen**

<u>2020</u>: **Twenty-Twenty**

Aunque es menos común, también se puede decir de la otra manera:

<u>2015</u>: **Two Thousand-Fifteen / Twenty-Fifteen**

<u>2011</u>: **Two Thousand-Eleven / Twenty-Eleven**

<u>2007</u>: **Twenty Oh-Seven / Two Thousand Seven**

-DÍAS DE LA SEMANA: DAYS OF THE WEEK:

Monday, Tuesday, Wednesday, Thursday, Friday, Saturday, Sunday

-DÍAS ESPECIALES: SPECIAL DAYS:

Nochebuena: December 24th **Christmas Eve**

Navidad: December 25th **Christmas Day**

Nochevieja: December 31st **New Year's Eve**

Año Nuevo: January 1st **New Year's Day**

-ESTACIONES: SEASONS

Spring (Primavera), **Summer** (Verano), **Autumn / Fall** (Otoño), **Winter** (Invierno).

-VACACIONES: HOLIDAYS/VACATIONS

Winter/Christmas Holidays (Vacaciones de Invierno o de Navidad)

Easter Holidays (Semana Santa o Pascua)

Summer Holidays (Vacaciones de Verano)

-CERRADO POR VACACIONES:

Closed for holidays from the 7th to the 14th.

(Cerrado por vacaciones del 7 al 14)

-PASADO, PRESENTE Y FUTURO DE LOS DÍAS Y SEMANAS:

Last night, Tonight, Tomorrow night

(Anoche, Esta noche, Mañana por la noche)

Today, Yesterday, Tomorrow, The day after tomorrow, Two days ago, Last Week, Next Week, The following week, Next Month, Next year)

(Hoy, Ayer, Mañana, Pasado mañana, Hace dos días, La semana pasada, La próxima semana, La semana que viene, El próximo mes, El próximo año)

-NÚMEROS ORDINALES:

1st **(first) August First / The first of August**

 (El primero de agosto)

2nd **(second)**, 3rd **(third)**, 4th, 5th, 6th **(fourth, fifth, sixth,…., 11th (eleventh), 12th (twelfth), 13th (thirteenth), 14th (fourteenth),…., 19th (nineteenth)**

De veinte en adelante, se recupera la terminación 1st, 2nd y 3rd para el primero, segundo y tercero:

20th **(twentieth)**, 21st, **(twenty-first)**, 22nd **(twenty-second)**, 23rd **(twenty-third)**, 24th **(twenty-fourth),…29th (twenty-ninth)**, 30th **(thirtieth)**, 31st **(thity-first)**

-MESES DEL AÑO: MONTHS OF THE YEAR:

January, February, March, April, May, June, July, August, September, October, November, December

-HORAS DEL DÍA: TIME OF THE DAY:

20:30: Eight thirty (pm) / Half past eight

20:45: Eight forty-five / Quarter to nine

21:00: Nine o´clock / Nine (pm)

06:10: Six Ten

08:05: Eight Oh-Five

21:15: Nine fifteen / Quarter past nine

-LAS VOCALES: THE VOWELS:

Se pronuncian diferente que en español, claro, y pueden resultar muy liosas hasta que se dominan:

A-E-I-O-U: <u>Pronunciación:</u> (ei-i-ai-ou-iu)

-LAS CONSONANTES: THE CONSONANTS:

B-C-D-F-G-H-J-K-L-M-N-P-Q-R-S-T-V-W-X-Y-Z:

<u>Pronunciación:</u> Bi-Si-Di-Ef-Yi-Eich-Yei-El-Em-En-Pi-Kiu-Ar-Es-Ti-Vi-Dabel iu-Ex-Guai-Ssi/Ssed

HACIENDO UNA RESERVA TELEFÓNICA
MAKING A PHONE RESERVATION

PEDIR LA INFORMACIÓN - INFORMATION REQUEST:

Para realizar una reserva correcta, necesitamos la siguiente información:

- Nombre del anfitrión
- Fecha de la reserva (día y hora)
- Número de personas en el grupo
- Número de teléfono (opcional, dependiendo de la política del restaurante).

Por regla general, a la hora de hacer una reserva por teléfono el cliente nos va a decir toda o casi toda la información en una misma frase, por ejemplo: *"Buenas tardes, quisiera hacer una reserva para 4 personas, este viernes a las nueve y media, a nombre del Señor García"*, pero vamos a analizar el caso de que sea el camarero el que tenga que preguntar la información necesaria paso a paso hasta completar la reserva. Así mismo, veremos diferentes posibilidades de conversación según opciones de disponibilidad.

MUY IMPORTANTE: CÓMO SE INTERPRETAN LAS CONVERSACIONES ENTRE CAMARERO Y CLIENTE

En los siguientes ejemplos de conversaciones entre camarero y cliente, a lo largo de <u>toda la Secuencia de Servicio</u>, las frases del **Camarero** están en **Negrita** con una **W** de **WAITER** al principio de la frase, y las del Cliente no están en Negrita y llevan una **C** de **CUSTOMER** al principio de la frase. Debajo de cada frase, entre paréntesis y en *cursiva* se muestran las traducciones al español de cada oración. Algunas frases muestran diferentes opciones de palabras o expresiones, las cuales van están <u>subrayadas y separadas por una barra</u>. Estas opciones subrayadas se pueden intercambian entre sí, quedando el resto de la frase de la misma manera.

-RECIBIENDO LA LLAMADA TELEFÓNICA

WAITER: <u>Hello</u> / <u>Hi</u> / <u>Good Morning</u>, <u>good afternoon</u> <u>or good evening</u>.

(<u>Hola</u> / <u>Buenos días</u>, <u>buenas tardes</u> o <u>buenas noches</u>)

W: Thank you for calling The Restaurant

(Gracias por llamar al Restaurante)

W: How <u>can I</u> / <u>may I</u> help you?

(¿Cómo <u>le puedo</u> ayudar / <u>podría</u> ayudarle?)

CUSTOMER: Hi, I would like to <u>make a reservation</u> / <u>book a table</u>, please.

(Hola, quería <u>hacer una reserva</u> / <u>reservar una mesa</u> por favor)

W: Ok, no problem. Just a <u>minute</u> / <u>moment</u> / <u>second</u>, let me get the book. <u>Just a second</u> / <u>Hold on a second</u> / <u>Hang on a minute</u>, I´ll be right back.

(Si claro, por supuesto. Un <u>minuto</u> / <u>momento</u> / <u>segundo</u>, voy a por el libro. <u>Un segundo</u> / <u>espere un segundo</u> / <u>espere un minuto</u>, ahora mismo vuelvo)

-*¿A NOMBRE DE QUIÉN?*

W: <u>Can I</u> / <u>May I</u> have your name, Sir-Madam (ma`am)?

(¿<u>Puede</u> / <u>Podría</u> darme su nombre Señor-Señora?)

C: Yes, I´m <u>Mr</u> / <u>Mrs</u> / <u>Ms</u> Smith.

(Pronunciado: MISTER / MISIS / MISS)

(Sí, soy el <u>Sr</u> / <u>Sra</u> / <u>Srta</u> Smith)

-SI NO HEMOS ENTENDIDO Y PEDIMOS QUE LO REPITA:

W: Excuse me, could you repeat <u>it</u> / <u>that</u>, please?

(Disculpe, ¿podría repetirlo, por favor?)

-O:

W: I´m sorry, I didn´t understand, can you spell it, please?

(Lo siento, no le he entendido, ¿me lo puede deletrear, por favor?)

-O:

W: Excuse me, could (cud) you speak up, please?

(Disculpe, ¿podría hablar más alto, por favor?)

-O:

W: Excuse me, could you say it more slowly, please?

(Disculpe, ¿podría decirlo más lento, por favor?)

-O:

W: I´m sorry, it´s very noisy here, would you mind spelling it, please?

(Lo siento, hay mucho ruido aquí, ¿le importaría deletrearlo, por favor?)

C: Sure, it´s J (yei) – O (oh) – N (en) – E (i) – S (es)

(Claro, jota-o-ene-e-ese, J-O-N-E-S)

W: Oh, ok, Mrs. Jones, right?

(Oh sí, Sra. Jones, ¿verdad?)

C: That´s right, you got it!

(Es correcto, ¡lo tiene!)

-*DÍA Y HORA DE LA RESERVA*

W: What day /When would you like the reservation / table?

(¿Para qué día / fecha querría la reserva / la mesa?)

-O:

W: What day / When would you like to come?

(¿Qué día / Cuándo le gustaría venir?)

-O:

W: When would you like the reservation?

(¿Para cuándo le gustaría la reserva?)

-O:

W: What time do you want the reservation?

(¿A qué hora quiere la reserva?)

C: *What time does the kitchen open / close?*

(¿A qué hora abre / cierra la cocina?)

W: Kitchen <u>opens at 8:30</u> / <u>is open until 11</u>.

(La cocina <u>abre a las 8:30</u> / <u>está abierta hasta las 11</u>)

C: In that case, <u>eight thirty is ok</u> / <u>nine would be great</u>.

(En ese caso, <u>a las ocho y media está bien</u> / <u>a las nueve estaría perfecto</u>)

-O:

C: <u>I was thinking</u> / <u>I would like</u> a table for this Saturday evening, at half past eight (8:30) pm?

(<u>Estoy pensando</u> / <u>Me gustaría</u> una mesa para la noche del sábado, ¿a las 8 y media?)

<u>-NO HEMOS ENTENDIDO BIEN Y PEDIMOS CONFIRMACIÓN:</u>

W: Excuse me, did you say eight thirty?

(Disculpe, ¿ha dicho las ocho y media?)

C: Yes, eight thirty in the evening.

(Si, a las ocho y media de la tarde / noche)

W: Sorry, I´m afraid <u>we are totally</u> / <u>we are completely booked</u> / <u>it´s not possible</u> at that time.

(Lo siento, me temo que estamos <u>totalmente</u> / <u>completamente</u> llenos / <u>no es posible</u> a esa hora)

-OPCIÓN DE CAMBIAR DE HORA O DE DÍA

W: I could have <u>an available</u> / <u>a free</u> / <u>an open</u> table at nine, if you want, but <u>you have to finish by 10</u> / <u>I need the table by 10.</u>

(Podría tener una mesa <u>disponible</u> / <u>libre</u> a las 9, si quiere, pero <u>tendría que terminar a las 10</u> / <u>necesito la mesa a las 10)</u>

-O:

W: What about (at) nine thirty?

(¿Qué le parece a las 9:30?)

C: 9:30 <u>is fine</u> / <u>is ok</u> / <u>sounds good</u>.

(Las 9:30 <u>está bien</u> / <u>me parece bien)</u>

-O LE PROPONEMOS OTRO DÍA:

W: We are totally booked for Saturday evening. Would you like to make a reservation for another day?

(Estamos totalmente llenos la noche del sábado. ¿Le gustaría hacer una reserva para otro día?)

-O:

W: How about <u>Friday at 8</u> / <u>the following Saturday</u>?

(¿Qué le parece <u>el viernes a las 8</u> / <u>el siguiente sábado?)</u>

C: Never mind, I´ll call again another time, thank you.

(No importa, llamaré de nuevo en otra ocasión, gracias.)

-¿MESA PARA?

W: How many people in your <u>party</u> / <u>group</u>?

(¿Cuantas personas son en su grupo?)

-O:

W: <u>Party of</u>? / <u>Table for</u>?

(¿<u>Grupo de</u>? / ¿<u>Mesa para</u>?)

C: <u>Table for 2</u> / <u>Party of six</u>, please.

(<u>Mesa para 2</u> / <u>Grupo de seis</u>, por favor)

-SI TIENEN ALGUNA PETICIÓN ESPECIAL:

C: We are going to be 4 with <u>a baby</u> / <u>a 3-year old kid</u> / <u>2 children</u>, do you have <u>a highchair</u> / <u>a baby seat</u>?

(Vamos a ser 4 con <u>un bebé</u> / <u>un niño de 3 años</u> / <u>2 niños</u>, ¿tienen <u>una trona</u> / <u>una silla para bebés</u>?)

W: Sure, I´ll write it down. Table for 4 and a highchair for the baby.

(Claro, lo dejo anotado. Mesa para 4 y una trona para el bebé)

-NÚMERO DE TELÉFONO

W: Just one more thing. <u>Can I</u> / <u>May I</u> have your (phone) number, please?

(Sólo una cosa más. ¿Me <u>puede</u> / <u>podría</u> dar su número (de teléfono), por favor?)

<u>-SI TIENE TELÉFONO:</u> *Cell / Mobile phone = Teléfono móvil)*

C: Why do you need my number for?

(¿Para qué necesita mi número?)

W: Just for confirmation in case you don´t <u>come</u> / <u>show up</u>)

*(**Para confirmar en caso de que no <u>venga</u> / <u>aparezca</u>)***

C: I'll give you my hotel's phone number.

(Le doy mi número del hotel)

C: Sure, the number is...

(Claro, el número es...)

<u>-No lo entendemos y pedimos que nos lo repita:</u>

W: Excuse me, could you say it more slowly, please?

*(**Disculpe, ¿podría decirlo más despacio, por favor?***

-O SE LO REPETIMOS NOSOTROS PARA CONFIRMAR:

W: Let me repeat the number: 605-768-994

(Le repito el número: 605-768-994)

C: That's correct, you got it.

(Es correcto, ya lo tiene)

-NO TIENE TELÉFONO:

C: Sorry, I don´t have a <u>number</u> / <u>phone</u> here.

(Lo siento, no tengo un <u>número</u> / <u>teléfono</u> aquí.)

W: Ok, never mind, don´t worry about it.

(Ok, no importa, no se preocupe)

-CONFIRMAMOS LA RESERVA

W: So, you have a reservation for Mrs. Jones, table for 3, on Saturday at 9 pm. Your reservation is ready.

(Entonces, tiene una reserva para la Sra. Jones, mesa para 3, el sábado a las 9 (de la noche). Su reserva está lista)

W: See you on <u>Saturday</u> / <u>later</u> / <u>at eight</u>.

(Nos vemos <u>el sábado</u> / <u>después</u> / <u>a las ocho</u>)

C: Great! Thank you. See you <u>there</u> / <u>on Saturday</u>.

(¡Genial! Gracias. Nos vemos <u>allí</u> / <u>el sábado</u>)

<u>-O POR DÍA DEL MES:</u>

W: See you the <u>20TH</u> / <u>1ST</u> of July.

(Nos vemos <u>el 20</u> / <u>el primero</u> de Julio)

<u>-NOS DESPEDIMOS</u>

W: <u>Have a good night</u> / <u>Have a good day</u> / <u>Have a nice one!</u>

(<u>Que tenga buenas noches</u> / <u>Que tenga un buen día</u> / <u>¡Que lo pase bien!</u>)

C: *You too, bye.*

(Igualmente, adiós)

<u>-SI NOS DAN LOS DATOS DE LA RESERVA DE UNA VEZ</u>

C: Hello, I'd like to make a reservation for 2, on Friday at 3, under the name of Mr. Gómez.

(Hola, me gustaría hacer una reserva para 2, el viernes, bajo el nombre del Sr. Gómez)

W: Let me get the (reservations) book, I´ll be right back.

(Voy a por el libro (de reservas), ahora mismo vuelvo)

-*CONFIRMACIÓN Y DESPEDIDA*

W: Ok, so you said reservation for Mr. Gomez, table for 2, this Friday at 3 pm, is that correct?

(Entonces, dijo una reserva para el señor Gómez, mesa para 2, éste viernes a las 3 de la tarde, ¿es correcto?)

C: Yes, that´s correct. Oh, would it be possible to eat outside at the patio?

(Si, es correcto. Ah, ¿sería posible comer fuera en la terraza?)

W: <u>Sure, I´ll seat you at the patio</u> / <u>I´m sorry, but all the tables outside are already booked.</u>

<u>(Claro, les pongo en la terraza</u> / <u>Lo siento, pero todas las mesas de fuera están ya reservadas)</u>

C: <u>Great. See you there!</u> / <u>Never mind, see you on Friday then!</u>

<u>(Genial. Nos vemos allí</u> / <u>No importa, nos vemos el viernes entonces)</u>

W: See you on Friday. Goodbye.

(Nos vemos el viernes. Adiós)

-SI HAY MUCHO JALEO Y NO PODEMOS ATENDERLE POR TELÉFONO

W: Sorry but we are very busy right now, <u>could you call back</u> / <u>would you mind calling back</u> in an hour / <u>later</u> / <u>tomorrow</u>?

(Lo siento, pero estamos muy ocupados ahora mismo, ¿<u>podría llamar</u> / <u>le importaría llamar</u> en una hora / <u>más tarde</u> / <u>mañana</u>?

C: Sure, no problem. I´ll call back <u>later</u> / <u>tomorrow</u>. Good-bye.

(Claro, no hay problema. Volveré a llamar <u>más tarde</u> / <u>mañana</u>. Adiós)

-OTROS TÉRMINOS ÚTILES AL HACER UNA RESERVA

Playground / Play Area: Parque Infantil / Zona de Juego

Stroller: Carrito de Bebé

Disabled Person / Handicapped: Persona con movilidad reducida / Discapacitado/ Minusválido

Blind: Ciego

Wheelchair: Silla de Ruedas

Guide Dog: Perro Guía

LA LLEGADA: **THE ARRIVAL**

La llegada al restaurante es un momento muy importante dentro de la secuencia de servicio. Supone la primera toma de contacto con el cliente, y es crucial que la primera impresión tanto del establecimiento como del servicio que proporciona el camarero sea óptima. Por ello recibiremos al cliente con amabilidad y simpatía, generando una cálida bienvenida. El cliente internacional se sentirá gratamente recibido y honrado por haber elegido nuestro restaurante.

Vamos a analizar los siguientes casos que se pueden dar a la llegada del cliente al restaurante:

1- ES NECESARIA UNA RESERVA PARA COMER O CENAR:

- **EL CLIENTE TIENE RESERVA:**
  -Mesa lista, les sentamos
  -Mesa no lista, pedimos que esperen en bar

- **EL CLIENTE NO TIENE RESERVA:**
  -Les podemos acomodar
  -No les podemos acomodar

2- NO ES NECESARIA UNA RESERVA:

- **DEPENDIENDO DE LA CANTIDAD DE GENTE:**
  -Les podemos acomodar
  -No les podemos acomodar

****

1- ES NECESARIA UNA RESERVA PARA COMER O CENAR:

- ## EL CLIENTE TIENE RESERVA:

W: Hi, good <u>afternoon</u> / <u>evening</u>. Welcome to The Restaurant, my name is Juan. How <u>may I</u> / <u>can I</u> help you?

(Hola, buenas <u>tardes</u> / <u>noches</u>. Bienvenidos al Restaurante, mi nombre es Juan. ¿En qué les <u>podría</u> / <u>puedo</u> ayudar?)

C: Hello, we would like to have <u>dinner</u> / <u>lunch</u>.

(Hola, querríamos <u>cenar</u> / <u>comer</u>)

W: Do you have a reservation, please?

(¿Tienen una reserva por favor?)

C: Yes, we have a reservation for Mr. Garcia.

(Sí, tenemos una reserva para el Sr. García)

-O DIRECTAMENTE:

C: Hi, I´m Mrs. Jones, I have a reservation at 2:30.

(Hola, soy la Sra. Jones, tengo una reserva para las 2 y media)

-LO REVISAMOS - LA MESA ESTÁ LISTA:

W: Just a moment, please. Here you are. Mr. Garcia, table for 6. Your table is ready, follow me please.

(Un momento, por favor. Aquí está. Sr. García, mesa para 6. Su mesa está lista, sígame por favor)

-TAMBIÉN PODEMOS DECIR:

W: **This way** / **I'll show you to your table**.

(Por aquí / Les acompaño a su mesa)

-LA MESA NO ESTÁ LISTA - PEDIMOS QUE ESPEREN EN EL BAR:

W: I´m sorry, but your table is not ready yet, would you mind waiting at the bar?

(Lo siento, pero su mesa no está lista aún, ¿les importaría esperar en el bar?)

C: How long will it take for the table to be ready? / How long do we have to wait?

(¿Cuánto va a tardar en estar lista la mesa? / ¿Cuánto tiempo tenemos que esperar?)

W: <u>Between ten (10) and fifteen (15) minutes</u> / <u>Around 10 minutes</u> / <u>10 to 15 minutes approximately.</u>

(<u>Entre 10 y 15 minutos</u> / <u>Alrededor de 10 minutos</u> / <u>De 10 a 15 minutos aproximadamente</u>)

C: Ok, no problem, we´ll wait at the bar.

(Ok, no hay problema, esperamos en el bar)

W: I'll let you know when your table is ready.

(Les aviso cuando su mesa esté lista)

- ## <u>EL CLIENTE NO TIENE RESERVA:</u>

-MISMO RECIBIMIENTO:

W: Hi, good <u>afternoon</u> / <u>evening</u>. Welcome to The Restaurant. How are you <u>today</u> / <u>tonight</u>?

(Hola, buenas <u>tardes</u> / <u>noches</u>. Bienvenidos al Restaurante. ¿Cómo están ustedes <u>hoy</u> / <u>esta noche</u>?)

C: We are fine, thanks.

(Estamos muy bien, gracias)

W: How <u>may I</u> / <u>can I</u> help you?

(¿En qué les <u>podría</u> / <u>puedo</u> ayudar?)

C: Yes, we would like to have <u>dinner</u> / <u>lunch</u>, table for 4.

(Si, querríamos <u>cenar</u> / <u>comer,</u> mesa para 4)

W: Do you have a reservation, please?

(¿Tienen una reserva por favor?)

C: No we don´t, do we need a reservation?

(No, ¿necesitamos una reserva?)

-LES PODEMOS ACOMODAR EN EL MOMENTO:

W: Let me <u>see</u> / <u>check</u> if we could have a table for you. Just a moment, please.

(Voy a <u>ver</u> / <u>comprobar</u> si pudiéramos tener una mesa para ustedes. Un momento, por favor)

W: Ok, I have a table for you. <u>Follow me</u> / <u>This way</u>, please.

(Ok, tengo una mesa para ustedes. <u>Síganme</u> / <u>Por aquí,</u> por favor)

-<u>LES PODEMOS ACOMODAR EN EL MOMENTO PERO TIENEN UN TIEMPO LIMITADO PARA COMER (PORQUE TENEMOS LA MESA RESERVADA DESPUÉS):</u>

W: Alright / Ok, <u>I could</u> / <u>I might</u> have a (free) table for you, but you would have to finish <u>in 1 hour</u> / <u>by 10 o´clock</u>.

(Bien / Ok, podría tener una mesa (libre) para ustedes, pero tendrían que terminar <u>en 1 hora</u> / <u>a las 10 en punto</u>)

-<u>LES PODEMOS ACOMODAR MÁS TARDE:</u>

W: Sorry, but at the moment we don´t have a table, but you can wait at the bar until a table <u>opens up</u> / <u>is available</u> / <u>until there is a free table</u>.

(Lo siento, pero en este momento no tenemos mesa, pero pueden esperar en el bar hasta que una mesa <u>se libere</u> / <u>esté disponible</u> / <u>hasta que haya una mesa libre</u>)

C: How long do we have to wait?

(¿Cuánto tiempo vamos a tener que tener que esperar?)

W: <u>Around</u>…/ <u>Approximately</u>…/ <u>Between…and</u>…

(<u>Unos</u>…/ <u>Aproximadamente</u>…/ <u>Entre…y</u>…)

<u>-O SI NO HAY BAR DONDE ESPERAR, PODEMOS SUGERIR QUE VUELVAN MÁS TARDE:</u>

W: You could come back in 30 minutes.

(Podrían volver en 30 minutos)

C: Is there a waiting list?

(¿Hay una lista de espera?)

W: <u>Yes there is</u> / <u>No there isn´t</u>.

(<u>Sí que hay</u> / <u>No la hay</u>)

W: See you <u>in 30 minutes</u> / <u>in a while</u>.

(Nos vemos <u>en 30 minutos</u> / <u>en un rato</u>)

<u>-NO LES PODEMOS ACOMODAR:</u>

W: Do you have a reservation, please?

(¿Tienen una reserva por favor?)

C: No we don´t, do we need a reservation?

(No, ¿necesitamos una reserva?)

W: I'm afraid so. Right now we are <u>totally</u> / <u>fully</u> booked for the night.

(Me temo que sí. Ahora mismo estamos <u>totalmente</u> / <u>completamente</u> llenos por el resto de la noche)

-LES DAMOS LA OPCIÓN DE HACER UNA RESERVA PARA OTRA OCASIÓN:

W: Would you like to make a reservation for another day?

(¿Les gustaría hacer una reserva para otro día?)

-O:

W: Here is the restaurant card, call us anytime to make a reservation.

(Aquí tiene la tarjeta del restaurante, llame cuando quiera para hacer una reserva)

****

2 – NO ES NECESARIA RESERVA PARA COMER O CENAR:

- ### DEPENDIENDO DE LA CANTIDAD DE GENTE:

-LES PODEMOS ACOMODAR:

W: Hi, good <u>afternoon</u> / <u>evening</u>. Welcome to The Restaurant, my name is Juan. How <u>may I</u> / <u>can I</u> help you?

(Hola, buenas <u>tardes</u> / <u>noches</u>. Bienvenidos al Restaurante, mi nombre es Juan. ¿En qué les <u>podría</u> / <u>puedo</u> ayudar?)

C: Hello, we would like to have <u>dinner</u> / <u>lunch</u>.

(Hola, querríamos <u>cenar</u> / <u>comer</u>)

W: Ok, table for...5?

(Muy bien, ¿mesa para...5?)

C: That´s right, table for 5.

(Eso es, mesa para 5)

W: Ok, I have a table for you, <u>follow me</u> / <u>this way</u> please.

(Ok, tengo una mesa para ustedes, <u>síganme</u> / <u>por aquí</u> por favor)

-<u>NO LES PODEMOS ACOMODAR:</u>

C: Hi, we would like to have <u>dinner</u> / <u>lunch.</u> Party of 4.

(Hola, querríamos <u>cenar</u> / <u>comer</u>. Grupo de 4)

W: Sorry, but at the moment we don´t have a table, but you can wait at the bar until a table <u>opens up</u> / <u>is available</u> / <u>until there is a free table.</u>

(Lo siento, pero en este momento no tenemos mesa, pero pueden esperar en el bar hasta que una mesa <u>se libere</u> / <u>esté disponible</u> / <u>hasta que haya una mesa libre</u>)

C: How long do we have to wait?

(¿Cuánto tiempo vamos a tener que tener que esperar?)

W: Around…/ Approximately…/ Between…and…

(Unos…/ Aproximadamente…/ Entre…y…)

-O SI NO HAY BAR DONDE ESPERAR, PODEMOS SUGERIR QUE VUELVAN MÁS TARDE:

W: You could come back in 45 minutes, we will probably have a table then.

(Podrían volver en 45 minutos, probablemente tengamos una mesa para entonces)

C: Ok, we´ll be back in 45, see you later.

(Ok, volvemos en 45 minutos, hasta luego)

-SI PREGUNTAN SI PUEDEN RESERVAR PARA LUEGO PERO NO SE PUEDE:

C: Can we book a table for 4?

(¿Podemos reservar una mesa para 4?)

W: Sorry, but we don´t make reservations, we seat customers in order of arrival.

(Lo siento pero no hacemos reservas, sentamos a los clientes en orden de llegada)

C: Is there a waiting list?

(¿Hay una lista de espera?)

W: <u>Yes there is</u> / <u>No there isn´t</u>.

(<u>Sí que hay</u> / <u>No la hay</u>)

W: I´ll let you know when a table is ready for you.

(Les aviso cuando tenga una mesa para ustedes)

C: Great! Thanks.

(Genial, ¡Gracias!)

W: You´re welcome.

(De nada)

****

ACOMPAÑAMIENTO A LA MESA Y SENTADO

En el siguiente bloque vamos a ver el procedimiento de acompañamiento y sentado a la mesa de los clientes, en el caso de que hayan estado esperando por la mesa en el bar o en la entrada del restaurante. Si han estado esperando en el bar tomando algo de beber, nos acercamos a avisarles de que la mesa está lista interrumpiendo su conversación. Siempre nos dirigimos al cliente de la manera más educada y cortés. Si sabemos su nombre nos dirigiremos al cliente por él:

W: Excuse me Mr. Branson, your table is ready. Follow me please.

(*Disculpe Sr. Branson, su mesa está lista. Síganme por favor*)

-SI NO HAN TERMINADO SUS BEBIDAS Y PREGUNTAN SI SE LAS PUEDEN LLEVAR A LA MESA Y PAGARLAS DESPUÉS:

C: Can we take our drinks to the table?

(*¿Podemos llevarnos las bebidas a la mesa?*)

W: Yes you can / Certainly / Of course / Sure

(*Sí que pueden / Por supuesto / Claro*)

C: Do we have to pay our drinks at the bar?

(¿Tenemos que pagar las bebidas en el bar?)

W: Don't worry, you may pay them at the table, with the rest of your <u>bill</u> / <u>check</u>. / As you wish, this way please.

(No se preocupe, puede pagarlas en la mesa con el resto de la cuenta. / Como desee, por aquí por favor)

<u>-O SI ESTÁ ESPERANDO EN LA ENTRADA, EN ORDEN DE LLEGADA O POR NÚMERO DE COMENSALES:</u>

W: Table for 6, party of 6, your table is ready, please follow me.

(Mesa para 6, grupo de 6, su mesa está lista, síganme por favor)

<u>-LLEGADA A LA MESA:</u>

W: <u>Here</u> / <u>This</u> is your table <u>Sir</u> / <u>Madam</u>.

<u>(Aquí está / Ésta es su mesa Sr. / Sra.)</u>

*Para un grupo de hombres usamos **Gentlemen**, para un grupo de mujeres utilizamos **Ladies**. Para una chica joven usamos **Young Lady**, para un chico joven usamos **Young Man**.*

C: Thank you!

(¡Gracias!)

W: <u>You´re welcome</u> / <u>No problem</u> / <u>Sure</u> / <u>Don't mention it</u> / <u>My pleasure</u> / <u>Pleased to help you</u>.

(<u>De nada</u> / <u>No hay problema</u> / <u>Por supuesto</u> / <u>No hay de qué</u> / <u>Es un placer</u> / <u>Encantado de ayudarle</u>)

C: Can we seat at the table by the window? Can we seat <u>over there</u> / <u>at that table</u>?

(¿Nos podemos sentar en esa mesa de al lado de la ventana? ¿Podemos sentarnos <u>ahí</u> / <u>en esa mesa</u>?)

W: Sure, you can seat <u>there</u> / <u>where you like</u>.

(Claro, pueden sentarse <u>ahí</u> / <u>donde quieran</u>)

-O:

W: Sorry, that one is reserved.

(Lo siento, esa está reservada)

-NOS PUEDEN PEDIR UNA SILLA DE NIÑOS:

C: <u>Do you have</u> / <u>Could you bring us</u> a <u>highchair</u> / <u>baby seat</u>, please?

(¿<u>Tienen</u> / <u>podría traernos</u> una <u>trona</u> / <u>silla para bebés</u>, por favor?)

W: Sure, I´ll be right back with the highchair.

(Claro, ahora mismo vuelvo con la trona)

-O SI NO TENEMOS, LE PODEMOS OFRECER COJINES:

W: Sorry, we don´t have a highchair, I can bring you a few cushions if you want.

(Lo siento, no tenemos tronas, le puedo traer unos cojines si quiere)

En este punto, acomodamos a los comensales en sus sillas si fuese necesario, con un Sir o Madam (Ma´am) mientras les ayudamos a colocar la silla en su sitio.

* *

EN LA MESA: **AT THE TABLE**

Una vez sentados los clientes, llega el momento más importante de toda la secuencia de servicio: la toma de la comanda y el posterior servicio de los platos hasta el pago de la cuenta y la despedida. Es crucial que realicemos una correcta toma de la comanda de bebidas y comida, pues de esta manera evitaremos situaciones embarazosas con el cliente y la dirección, y aseguraremos la satisfacción del comensal en cuanto a servicio se refiere. La Comanda está dividida en la Comanda de Bebidas y la Comanda de Comida.

Dentro de la comanda de bebidas requiere especial atención la cerveza y el vino. Un buen conocimiento de la oferta de cervezas y vinos del restaurante es fundamental a la hora de poder hacer recomendaciones al cliente. En el apartado *El Vino* en la Carta de Bebidas, podemos encontrar una descripción completa y detallada de las diferentes categorías y tipos de vino, así como una lista de vocabulario descriptivo del sabor y aroma, y terminología relacionada con el mismo.

En la Comanda de Comida, analizaremos la terminología adecuada para asegurarnos una correcta toma de la orden, prestando especial atención a las diferentes categorías de la carta. En el capítulo *La Carta De Comida* podemos encontrar una descripción completa y detallada de los diferentes métodos de cocinado, así como del vocabulario descriptivo del sabor y textura de diferentes alimentos, para poder explicar la elaboración de un plato si así nos lo requiere el cliente.

1.- <u>LA COMANDA DE BEBIDAS (THE DRINK ORDER)</u>:

Repartimos las cartas a los clientes y tomamos la comanda.

W: Here <u>is the Menu</u> / <u>are the Menus</u>.

(Aquí <u>está la Carta</u> / <u>están las Cartas</u>)

W: Would you like something to drink? *MÁS FORMAL*

(¿Les gustaría algo para beber?)

W: Can I get you something to drink? *NEUTRAL*

(¿Les puedo traer algo para beber?)

W: What can I get you to drink? *MENOS FORMAL*

(¿Qué les traigo para beber?)

-<u>PIDIENDO EL VINO</u>:

C: <u>Could you bring us</u> / <u>Can I see</u> the Wine List, please?

(¿<u>Podría traernos</u> / ¿<u>Puedo ver</u> la Carta de Vinos, por favor?)

W: Sure, here you are.

(Claro, aquí tiene)

-O:

W: The Wine List is <u>on</u> / <u>at</u> the back of the menu.

(La Carta de Vinos está en la parte de atrás de la Carta)

-RECOMENDAMOS EL VINO DE LA CASA:

W: I can recommend you the <u>house wine</u> / <u>house red</u> / <u>house white</u>.

(Les puedo recomendar <u>el vino de la casa</u> / <u>el tinto de la casa</u> / <u>el blanco de la casa</u>)

-O:

C: <u>Would you</u> / <u>Do you</u> recommend the house red?

(¿<u>Recomendaría</u> / <u>Recomienda</u> el tinto de la casa?)

W: <u>Yes</u> / <u>Certainly</u>, it´s an excellent 2015 Rioja Crianza, a two (2) year-old wine from La Rioja, aged in oak barrel for 18 months.

(<u>Si</u> / <u>Por supuesto</u>, es un excelente Rioja Crianza del 2015, un vino de 2 años de edad de La Rioja, envejecido en barrica de roble durante 18 meses)

-O:

W: Sure, it´s a very good young Ribera del Duero.

(Claro, es un Ribera del Duero joven muy bueno)

-O:

C: Which one is the house white?

(*¿Cuál es el blanco de la casa?*)

W: **The house white is a dry <u>Rueda</u> / <u>Chardonnay</u>.**

(***El blanco de la casa en un <u>Rueda</u> / <u>Chardonnay</u> seco***)

-O:

C: Could you recommend us a <u>good Rioja</u> / <u>red wine</u> to pair with <u>beef</u> / <u>pork</u>?

(*¿Podría recomendarnos un <u>buen Rioja</u> / <u>vino tinto</u> para acompañar carne de <u>vacuno</u> / <u>cerdo</u>?*)

*En este caso, tendríamos que aplicar nuestro conocimiento de la carta de vinos y ofrecerle un **buen** vino tinto, lo que significa que el cliente quiere una calidad superior al vino de la casa.*

C: Ok, sounds good. We´ll have 1 bottle of <u>the house red</u> / <u>the 2014 Marqués De Riscal</u>.

(*Me parece bien. Tomaremos 1 botella <u>del tinto de la casa</u> / <u>del Marqués de Riscal del 2014</u>*)

W: **Excellent choice, sir.**

(***Una elección excelente, señor***)

-O:

W: <u>Do you know which wine you are going to have? / Have you already chosen the wine, sir</u>?

(¿<u>Saben que vino van a tomar? / ¿Ha elegido ya el vino, Sr</u>?)

-SI DUDAN, LES OFRECEMOS AYUDA:

W: <u>Would you like me to recommend you some wine? / Can I help you choose the wine, sir</u>?

(¿<u>Querría que le recomendara un vino? / ¿Puedo ayudarle a elegir el vino, señor</u>?)

C: Yes please. I´m having a veal tenderloin, and I´m doubting between this Ribera del Duero and this Rioja. Which one would you recommend?

(Si por favor. Voy a tomar un solomillo de ternera, y estoy dudando entre éste Ribera del Duero y éste Rioja. ¿Cuál recomendaría usted?)

W: In that case, for the tenderloin, I would recommend the...

(En ese caso, para el solomillo, le recomendaría el...)

-SI NOS PIDEN UN VINO POR COPAS:

C: Do you sell this wine by the glass?

(¿Venden este vino por copas?)

W: Yes we do, how many glasses would you like?

(Si, ¿cuantas copas querrían?)

-O:

W: No we don´t. We only sell that one by the bottle. But we <u>sell</u> / <u>have</u> this one and the house wine by the glass.

(No. Solo vendemos ese por botella. Pero <u>vendemos</u> / <u>tenemos</u> este otro y el vino de la casa por copas)

<u>-MIENTRAS DECIDE EL VINO, PREGUNTAMOS SI QUIEREN OTRAS BEBIDAS:</u>

W: Can I get you something to drink while you choose the wine?

(¿Les puedo traer algo para beber mientras eligen el vino?)

<u>-PIDIENDO CERVEZA (ORDERING BEER):</u>

C: Do you have beer <u>on draft</u> / <u>on tap</u>?

(¿Tiene cerveza <u>de barril</u> / <u>de grifo</u>?)

W: Yes, we have Mahou and Cruzcampo <u>on draft</u> / <u>on tap</u>.

(Sí, tenemos Mahou y Cruzcampo <u>de barril</u> / <u>de grifo</u>)

C: What kind of domestic beer do you have?

(¿Qué tipo de cerveza nacional tienen?)

W: We have San Miguel and Estrella Damm.

(Tenemos San Miguel y Estrella Damm)

C: Do you have Heineken in bottle?

(¿Tienen Heineken en botella?)

W: <u>No we don´t, we only have Heineken on draft</u>. / <u>Yes, we have Heineken in bottle and on tap.</u>

(<u>No, solo tenemos Heineken de barril</u>. / <u>Si, tenemos Heineken en botella y de grifo</u>.)

<u>-POR TIPO DE VASO O MEDIDA:</u>

C: Can I get a <u>pint</u> / <u>mug</u> / <u>goblet</u> of beer, please?

(¿Me puede traer una <u>pinta</u> / <u>jarra</u> / <u>copa</u> de cerveza, por favor?)

-PIDIENDO REFRESCOS, AGUA Y ZUMO (ORDERING SOFT DRINKS, WATER AND JUICE):

Al igual que con la cerveza, por regla general nos van a pedir refrescos por marca. Así mismo podrían pedirnos una marca concreta de agua con gas, a lo que responderíamos según la disponibilidad de dicha marca en concreto, dando una opción alternativa en caso que no la tuviéramos.

C: What <u>soft drinks</u> / <u>sodas </u>do you have?

(¿Qué refrescos tienen?)

W: We have Coke, Orange and Lemon Fanta, and Aquarius.

(Tenemos Coca-Cola, Fanta naranja y limón y Aquarius)

C: I'd like a <u>Diet Coke</u> / <u>Regular Coke</u>.

(Querría una <u>Coca-Cola Light</u> / <u>Coca-Cola normal</u>)

W: Would you like ice with it?

(¿La quiere con hielo?)

C: Room temperature is ok, thanks.

(Del tiempo está bien, gracias)

C: Excuse me, could you remove the ice and the slice of lemon, please?

(Disculpe, ¿me puede quitar el hielo y el limón, por favor?)

C: Do you have Diet Coke?

(¿Tiene Coca-Cola Light)

W: Yes, in Spain is called Coke Light.

(Si, en España se llama Coca-Cola Light)

C: Do you have Diet orange soda?

(¿Tienen refresco de naranja Light?)

W: Sorry, we only have regular orange soda.

(Lo siento, solo tenemos refresco de naranja normal)

C: Do you have orange Aquarius?

(¿Tienen Aquarius de naranja?)

W: No we don´t. We only have orange Fanta and Trina.

(No lo tenemos. Solo tenemos Fanta y Trina de naranja)

C: Can I have one Coke and a glass of water, please?

(¿Me puede traer una Coca-Cola y un vaso de agua, por favor?)

W: Sure, one regular Coke and a glass of water.

(Claro, una Coca-Cola normal y un vaso de agua)

C: Could you bring us a bottle of <u>mineral water</u> / <u>sparkling water</u>, please?

(¿Podría traernos una botella de <u>agua mineral</u> / <u>agua con gas</u>, por favor?)

C: What juices do you have?

(¿Qué zumos tienen?)

W: We have peach, apple and orange juice.

(Tenemos zumos de melocotón, manzana y naranja)

-SI NOS PIDEN ALGO QUE NO TENEMOS O SE NOS HA ACABADO:

C: Do you have tomato juice?

(¿Tienen zumo de tomate?)

W: Sorry, we only have pineapple, orange and grape juice.

(Lo siento, solo tenemos zumo de piña, naranja y uva)

-O:

W: Sorry, but we are out of tomato juice. Would you like another flavor, like orange or peach?

(Lo siento pero no nos queda zumo de tomate. ¿Le gustaría otro sabor, como naranja o melocotón?)

-<u>MODIFICANDO EL PEDIDO:</u>

C: Excuse me, could you bring us 1 more apple juice, please?

(Disculpe, ¿podría traernos 1 zumo de manzana más, por favor?)

C: Could you add 1 more **Fanta**, please?

(¿Podría añadir 1 Fanta más, por favor?)

C: Let´s make it 2 **Heinekens** instead of 1, ok?

(Que sean 2 Heinekens en vez de 1, ¿ok?)

C: Can I get a **Nestea** instead of the **Coke,** please?

(¿Me puede traer un Nestea en vez de la Coca-Cola, por favor?)

-<u>SI NO HEMOS ENTENDIDO BIEN:</u>

W: <u>**Excuse me, could you repeat that, please? / Did you say ONE Nestea instead of the Coke?**</u>

<u>(Disculpe, ¿podría repetirlo, por favor? / ¿Ha dicho UN Nestea en vez de la Coca-Cola?)</u>

-CONFIRMAMOS EL PEDIDO (CONFIRMING THE DRINK ORDER):

*Cuando tenemos la comanda de bebidas lista, la confirmamos antes de marcharnos para asegurarnos de que todo está correcto. A veces hay modificaciones en el último momento que nos van a evitar dobles viajes a la barra. Y recuerda que si no entendemos algo, **SIEMPRE** pediremos que nos lo repitan o buscaremos la confirmación nosotros.*

W: Ok, <u>so that would be</u> / <u>so I have</u> 1 bottle of Rueda, 2 Diet Cokes and 1 mug of Cruzcampo, right?

(Ok, <u>entonces eso sería</u> / <u>entonces tengo</u> 1 botella de Rueda, 2 Coca-Colas Light y 1 jarra de Cruzcampo, ¿correcto?)

C: <u>That´s right</u>! / <u>You got it</u>. Oh, could you also bring us a bottle of mineral water, please?

(¡<u>Correcto</u>! / <u>Lo tiene</u>. Oh, ¿podría también traernos una botella de agua mineral, por favor?)

W: Sure, and 1 bottle of mineral water. I´ll be right back with your drinks.

(Claro, y una botella de agua mineral. Ahora mismo vuelvo con sus bebidas)

*En este momento, ya habríamos confirmado la comanda de bebidas y nos iríamos a buscarlas. Como no vamos a tardar en regresar con ellas, decimos *I´ll be right back - Ahora mismo vuelvo.*

Cuando regresamos, dejamos las bebidas en la mesa, a cada comensal diciendo:*

W: Your Heineken, sir. One Diet Coke. There you go.

(Su Heineken, señor. Una Coca-Cola Light. Aquí tiene)

-DEJANDO EL VINO EN LA MESA:

Cuando traemos el vino a la mesa, lo mostramos al comensal que lo ha pedido, lo abrimos y servimos

W: <u>Here is the wine, sir</u> / <u>Your wine, sir</u>. Would you like to try it?

(<u>Aquí está el vino, señor</u>/ <u>Su vino, señor</u>. ¿Le gustaría probarlo?)

C: Yes please. <u>It´s very good</u> / <u>It´s nice</u>.

(Si por favor. <u>Está muy bueno</u> / <u>Está muy bien</u>)

W: <u>Happy to hear that</u> / <u>Glad you like it</u>, sir.

(<u>Me alegro de oírlo</u> / <u>Me alegro que le guste</u>, señor.)

W: <u>Do you want me to serve it?</u> / <u>Can I serve it now</u>?

(¿Quiere que lo sirva? / ¿Puedo servirlo ahora?)

C: Sure, go ahead.

(Claro, adelante)

<u>-O SI QUIERE DEJARLO RESPIRAR U OXIGENARLO:</u>

W: <u>Do you want me to serve it?</u> / <u>Can I serve it now</u>?

(¿Quiere que lo sirva? / ¿Puedo servirlo ya?)

C: Not yet, I would like to let it breathe <u>for a while</u> / <u>for a few minutes</u> / <u>for a little bit</u>.

(No todavía, me gustaría dejarlo respirar <u>un rato</u> / <u>unos pocos minutos</u> / <u>un poquito</u>)

W: <u>Ok, perfect.</u> / <u>Sure, no problem.</u>

(<u>Ok, perfecto.</u> / <u>Claro, no hay problema</u>)

****

2.- LA COMANDA DE COMIDA (THE FOOD ORDER):

Después de traer las bebidas a la mesa, llega el momento de tomar la comanda de comida. Este es el punto más importante de toda la secuencia: un conocimiento exhaustivo de la carta es fundamental, pues hay que estar preparado para explicar con detalle cómo está preparado cualquier plato, sus ingredientes y tiempos de elaboración así como para ofrecer sugerencias y recomendaciones.

-PREGUNTAMOS SI ESTÁN LISTOS PARA PEDIR:

W: Are you ready for me to take your order? *MÁS FORMAL*

(¿Están listos para que les tome el pedido?)

W: Would you like to order now? *FORMAL*

(¿Les gustaría pedir ahora?)

W: Can I take your order now? *NEUTRO*

(¿Les puedo tomar el pedido ahora?)

W: Are you ready to order? *MÁS INFORMAL*

(¿Están listos para pedir?)

-OPCIÓN 1: NO HAN DECIDIDO Y NECESITAN MÁS TIEMPO:

C: Could you give us a few more minutes please?

(¿Podría darnos unos minutos más, por favor?)

W: <u>Ok</u> / <u>Sure</u>, let me know when you're ready.

(<u>Ok</u> / <u>Claro</u>, avísenme cuando estén listos)

-OPCIÓN 2: TIENEN PREGUNTAS SOBRE ALGUNOS PLATOS:

-MENÚ DEL DÍA Y OTRAS OPCIONES DE MENÚS:

C: <u>Do you have</u> / <u>Is there</u> a <u>Daily Menu</u> / <u>Menu of the Day</u> for dinner?

(¿<u>Tienen</u> / <u>Hay</u> Menú del Día para cenar?)

W: No we don´t, we only have Daily Menu for lunch, Monday to Friday. For dinner is only *A La Carte*.

(No tenemos, solo tenemos Menú del Día para comer, de lunes a viernes. Para cenar es solo A La Carta)

*****

C: What comes in the Executive Menu?

(¿Qué viene en el Menú Ejecutivo?)

W: The Executive Menu consists of a *Jabugo Ham* plate for starter, your choice of *Rice with Lobster* or *Veal Tenderloin with Foie Gras* for the main course and our *Special Homemade Cake* for dessert.

(El Menú Ejecutivo <u>trae</u> / <u>lleva</u> un plato de Jamón de Jabugo de entrante, un plato principal a elegir entre Arroz con Bogavante o Solomillo de Ternera con Foie Gras y nuestra Tarta Casera Especial de postre)

*****

C: Are the drinks included in the Menu?

(¿Están las bebidas incluidas en el Menú?)

W: The Menu includes a glass of wine, a beer, a soda or a bottle of mineral water.

(El Menú incluye una copa de vino, de cerveza, un refresco o una botella de agua mineral)

*****

C: Which one is the Catch of the Day?

(¿Cuál es el Pescado del Día?)

W: The Catch of the Day is *Hake with Green Sauce.*

(El Pescado del Día es Merluza en Salsa Verde)

*****

C: Do you have Daily Specials?

(¿Tienen Platos del Día?)

W: Yes we do, they are listed on the first page of the Menu.

(Si tenemos, la lista está en la primera página de la carta)

*****

C: Do you have a Kid´s Menu?

(¿Tienen Menú Infantil?)

W: <u>Yes we do</u>. / <u>No we don´t</u>, but we can <u>make</u> / <u>prepare</u> smaller versions of some of the dishes, like the Pasta Bolognese or the Breaded Veal Fillet.

(<u>Sí que tenemos</u> / <u>no tenemos</u>, pero podemos hacer / preparar versiones más pequeñas de algunos platos, como la Pasta Boloñesa o el Escalope de Ternera)

-¿QUÉ ES ESTE PLATO O CON QUÉ SE ACOMPAÑA?:

C: What kind of meat is the Iberian Secreto?

(¿Qué tipo de carne es el Secreto Ibérico?)

W: It is an Iberian pig cut, which comes from between the shoulder blade and the loin. It has a fantastic taste because the surface is marbled with fat. We could translate it as a Low Shoulder Cut.

(Es un corte de cerdo ibérico, que viene de entre la paletilla y el lomo. Tiene un sabor fantástico porque la superficie está veteada de grasa. Podríamos traducirlo como un Corte de Baja Paletilla)

*****

C: What Salad Dressings do you have?

(¿Qué aderezos tiene para la ensalada?)

W: We have Ranch, Blue Cheese, Honey Mustard and Balsamic Vinagrette.

(Tenemos Salsa Ranchera, de Queso Azul, Miel y Mostaza y Vinagreta Balsámica)

*****

C: The Roasted Lamb, what does it come with?

(El Cordero Asado, ¿con qué viene?)

W: The Roasted Lamb comes with sliced roasted potatoes and fried green peppers.

(El Cordero Asado viene con patatas asadas en rodajas y pimientos verdes fritos)

*****

C: What is a Salmorejo?

(¿Qué es un Salmorejo?)

W: Salmorejo is a chilled thick tomato soup served with pieces of Iberian Ham on top.

(El Salmorejo es una sopa espesa y fría de tomate servida con trozos de Jamón Ibérico por encima)

-INGREDIENTES QUE CAUSAN ALERGIA O INTOLERANCIA:

C: Is there any milk / Are there any traces of nut in the sauce? I´m lactose intolerant / I´m allergic to nuts.

(¿Lleva leche la salsa? / ¿Hay alguna traza de frutos secos en la salsa? Tengo intolerancia a la lactosa / Soy alérgico a los frutos secos)

W: <u>I´m afraid there is</u>. / <u>No there isn´t</u>. / <u>I´m not sure, let me check with the kitchen</u>.

<u>(Me temo que sí</u>. / <u>No, no lleva</u>. / <u>No estoy seguro, voy a comprobarlo con la cocina)</u>

-<u>TAMAÑOS DE LAS RACIONES Y DE LOS PLATOS</u>:

C: Is the dish big enough for 2 (people)?

(¿Es el plato lo suficientemente grande para 2 (personas)?)

 W: Yes it is, <u>it is big enough for 2</u> / <u>it is perfect for sharing</u>.

(Lo es, <u>es lo suficientemente grande para 2</u> / <u>es perfecto para compartir)</u>

*****

C: How big are the portions?

(¿Cómo son de grandes las raciones?)

W: They are <u>medium-sized</u> / <u>generous</u> / <u>big</u> / <u>abundant</u>.

(<u>Son medianas</u> / <u>generosas</u> / <u>grandes</u> / <u>abundantes</u>)

-TIEMPO DE ELABORACIÓN:

C: How long does the Rice with Lobster take to prepare?

(¿Cuánto se tarda en preparar el Arroz con Bogavante?)

W: It takes <u>30 to 40 minutes</u> / <u>around 30 minutes</u>.

(Se tarda <u>de 30 a 40 minutos</u> / <u>alrededor de 30 minutos</u>)

-MÉTODOS DE ELABORACIÓN E INGREDIENTES:

C: Is the Octopus Galician-Style fried?

(¿El Pulpo a la Gallega está frito?)

W: No <u>it´s not</u> / <u>it isn´t</u>, the Galician-Style Octopus is boiled.

(No, el Pulpo a la Gallega está cocido / hervido)

*****

C: What other ingredients does the dish have?

(¿Qué otros ingredientes lleva el plato?)

W: It has potatoes, paprika, olive oil and salt.

(Lleva patatas, pimentón, aceite de oliva y sal.

*****

C: How is it prepared?

(¿Cómo está preparado / hecho?)

W: The octopus is boiled until tender, then chopped and placed over sliced boiled potatoes and served on a wooden plate. The octopus is sprinkled with paprika, salt and a drizzle of olive oil.

(El pulpo se hierve hasta que está tierno, se trocea y se coloca sobre rodajas de patata hervida, y se sirve en un plato de madera. El pulpo se rocía con pimentón, sal y un chorrito de aceite de oliva)

-RECOMENDACIONES:

C: I would like to eat a good red meat. What dish would you recommend?

(Me gustaría comer una buena carne roja. ¿Qué plato me recomendaría?)

W: I would recommend the Veal Chop or the Beef Fillet Mignon.

(Le recomendaría el Chuletón de Ternera o el <u>Filet Miñón</u> / <u>los Medallones</u> de Solomillo de Vacuno)

*****

-OPCIÓN 3: ESTÁN LISTOS PARA PEDIR:

C: Yes, we are ready to order. I am going to have the Executive Menu.

(Si, ya estamos listos para pedir. Yo voy a tomar el Menú Ejecutivo)

W: One Executive Menu, would you like the Rice with Lobster or the Veal Tenderloin for the main course?

(Un Menú ejecutivo, ¿le gustaría el Arroz con Bogavante o el Solomillo de Ternera de segundo?)

C: I´d like the Tenderloin, please.

(Me gustaría el Solomillo, por favor)

-PREGUNTANDO EL PUNTO DE LA CARNE:
*Ver Puntos de la Carne (**página 95**)*

W: How would you like it cooked?

(¿Cómo quiere la carne hecha?)

C: I´d like it medium-rare, please.

(Me gustaría un punto menos, por favor)

W: The Executive Menu includes a drink, what would you like to have?

(El Menú Ejecutivo incluye una bebida, ¿qué le gustaría tomar?)

C: I would like to have a glass of red wine, please.

(Me gustaría tomar una copa de vino tinto, por favor)

W: Ok, perfect.

(Ok, perfecto)

****

-SEGUIMOS TOMANDO LA COMANDA:

ENTRANTES:

W: For you, Madam-Sir? / What can I get you for starters? / Would you like some starters?

(¿Para usted, Señora-Señor? / ¿Qué les puedo traer de entrantes? / ¿Les apetecería algo de entrante?)

C: I would like a Caesar Salad and the Biscayne Cod, please.

(Yo quiero una Ensalada César y el Bacalao a la Vizcaína, por favor)

-O:

C: For starters, we would like one Cabrales Cheese Croquettes, one Garlic Shrimp, and one Selection of Iberian Cold Cuts.

(De entrante, nos gustaría unas Croquetas de Queso Cabrales, una de Gambas al Ajillo y una Selección de Ibéricos)

<u>SEGUNDOS PLATOS:</u>

W: Ok, I got it. And for the Main Course?

(Vale, lo tengo. ¿Y de segundo?)

C: For the Main, I would like the Veal Entrecotte, medium. What does it come with?

(De segundo, me gustaría el Entrecot de Ternera, al punto. ¿Con qué viene?)

W: The Entrecotte comes with your choice of *Salad* or *French Fries*, and a garnish of *Steamed Seasonal Vegetables and Mushrooms*.

(El Entrecot viene con Ensalada o Patatas Fritas, como quiera, y una guarnición de Verduras de Temporada al Vapor con Champiñones)

<u>-NOS PIDEN UNA MODIFICACIÓN O SUSTITUCIÓN:</u>

C: I´ll (I will) have the French Fries please, and could I <u>change</u> / <u>substitute</u> the Vegetables for Rice with the Mushrooms?

(Tomaré las Patatas Fritas por favor, ¿y podría <u>cambiar</u> / <u>sustituir</u> las Verduras por Arroz con los Champiñones?)

-O:

C: Can I have it with Rice with Mushrooms instead of the Vegetables, please?

(¿Puedo tomarlo con Arroz con Champiñones en vez de las Verduras, por favor?)

W: Sure, no problem. One Veal Entrecotte with French Fries and Rice with Mushrooms. And for you Sir-Madam?

(Claro, no hay problema. Un Entrecot de Ternera con Patatas Fritas y Arroz con Champiñones. Y para usted Señor-Señora?)

C: I´m going to have the Grilled Chicken Breast with Jacket Potato. And could you bring me a side of Grilled Vegetables, please?

(Yo voy a tomar la Pechuga de Pollo a la Parrilla con Patata al Horno. ¿Y podría traerme una ración de Verduras a la Plancha, por favor?)

W: <u>Of course</u>. / <u>Certainly</u>, Grilled Vegetables on the side. Anything else? / <u>Would that be all</u>?

(Por supuesto, una ración de Verduras Plancha aparte. ¿<u>Algo más</u>? / ¿<u>Eso sería todo</u>?)

On the side** ó **A side of**... significa *además* o *extra*, es decir, se paga aparte.**

C: Yes, that´d be (that would be) all. Oh, could you bring us some bread with butter and olive oil too, please? Thanks!

(Sí, eso sería todo. Oh, ¿podría traernos también algo de pan con mantequilla y aceite de oliva, por favor? ¡Gracias!)

CONFIRMAMOS LA COMANDA ANTES DE MARCHARNOS

W: Ok, <u>so I have</u> / <u>so that would be</u> one Executive Menu with a *Veal Tenderloin* medium-rare, for Starters I have one *Caesar Salad*, one *Cabrales Cheese Croquettes*, one *Garlic Shrimp* and a *Selection of Iberian Cold Cuts*, and for Main that would be one *Biscayne Cod*, one *Veal Entrecotte* medium, with *French Fries* and *Rice with Mushrooms*, one *Grilled Chicken Breast* with *Jacket Potato* and a side order of *Grilled Vegetables*, and bread, butter and olive oil. <u>Is that all</u>? / <u>Is it correct</u>?

(Entonces <u>tengo</u> / <u>eso sería</u> un Menú Ejecutivo con un Solomillo de Ternera punto menos, de entrantes tengo una Ensalada César, unas Croquetas de Queso Cabrales, unas Gambas al Ajillo y una Selección de Ibéricos, y de segundos sería un Bacalao a la Vizcaína, un Entrecot de Ternera al punto, con Patatas Fritas y Arroz con Champiñones, una Pechuga de Pollo a la Parrilla con Patata al Horno y una ración aparte de Verduras a la Plancha, y pan, mantequilla y aceite de oliva. <u>¿Es eso todo?</u> / <u>¿Está todo correcto?</u>)

C: Yes, <u>that´s right</u> / <u>that´s correct</u>.

(Si, <u>está bien</u> / <u>está correcto</u>)

-RECOGEMOS LAS CARTAS Y DECIMOS QUE VOLVEMOS EN UN RATO CON LOS ENTRANTES:

W: I´ll take the menus / Let me take the menus, please. Thanks, you´re welcome. I´ll be back with your starters in a few minutes / shortly.

(Me llevo las cartas / Permítame retirar las cartas, por favor. Gracias, de nada. Vuelvo con sus entrantes en unos minutos / en breve)

*En este punto, ya habríamos confirmado la comanda de comida y estaría lista para pasarla a cocina. Tenemos que tener cuidado de anotar correctamente cualquier modificación, sustitución o añadido a los platos que nos hayan solicitado los clientes, así como los diferentes puntos de la carne pedidos. Como vamos a tardar un rato en regresar con los entrantes, decimos *I´ll be back in a few minutes / I´ll be back shortly-Vuelvo en unos minutos / vuelvo en breve.*

Mientras se preparan los platos, seguimos observando la mesa por si necesitan algo más de beber o alguna otra cosa. Si así fuera, nos acercamos a la mesa y preguntamos:*

W: Would you like something else to drink? / Would you like another beer, sir? / Another Coke, madam?

(¿Les gustaría algo más para beber? / ¿Le gustaría otra cerveza, señor? / ¿Otra Coca-Cola, señora?)

C: Yes, I´ll have another one please. / I´m good, thanks.

(Si, tomaré otra por favor. / Estoy bien, gracias)

-O:

C: Excuse me, could you bring me another <u>napkin</u> / <u>fork</u>? I dropped it on the floor.

(Disculpe, ¿podría traerme <u>otra servilleta</u> / <u>otro tenedor</u>? Se me ha caido al suelo)

W: Right away <u>sir</u> / <u>madam</u>.

(Ahora mismo <u>señor</u> / <u>señora</u>)

*****

-DEJANDO LOS PLATOS EN LA MESA (ENTRANTES Y SEGUNDOS):

Al igual que con las bebidas, iremos dejando los platos a cada comensal por el orden que hayamos establecido, diciendo:

W: Here is the Iberian Ham, your Caesar Salad, here you go sir, here is your Veal Tenderloin, and the Cod for you madam. Enjoy / Enjoy your meal / Bon appétit.

(Aquí está el Jamón Ibérico, su Ensalada César, aquí tiene señor, aquí tiene su Solomillo de Ternera, y el Bacalao para usted señora. Que lo disfruten / Que disfruten de la comida / Buen provecho)

*El decir **Enjoy** o **Bon Appétit** es opcional, pero añade un punto de cortesía que los clientes internacionales agradecen pues demuestra un toque de distinción y profesionalismo propios de un camarero bien formado.

Con los entrantes y segundos servidos y la mesa atendida, continuaremos nuestro servicio de mesas pero siempre verificando que todo esté correcto y que no falte nada. De vez en cuando nos acercamos a la mesa para preguntar si todo está bien, antes que nos lo pidan los clientes, diciendo:*

W: Is everything ok? / Is there anything you need?

(¿Está todo bien? / ¿Hay algo que necesiten?)

C: We are good / We are all set, thanks.

(Estamos bien / Todo en orden, gracias)

-RETIRANDO LOS PLATOS:

W: Have you finished? / Are you done? / Can I take that? / Can I clear the table?

(¿Han terminado? / ¿Han acabado? / ¿Puedo llevarme eso? / ¿Puedo retirar los platos?)

Si vemos que han comido bien y que están satisfechos podemos preguntar:

W: Was everything ok? / Did you like the meal? / How was the meat?

(¿Estaba todo bien? / ¿Les ha gustado la comida? / ¿Cómo estaba la carne?)

C: Yes, it was wonderful, we really liked the food. The meat was delicious, our compliments to the chef!

(Si, estaba maravilloso, nos ha encantado la comida. La carne estaba deliciosa, ¡nuestras felicitaciones al cocinero / chef!)

W: I´ll let him know you liked it sir. Happy to hear that! / Glad you liked it.

(Le diré que le ha gustado señor. ¡Me alegro de oírlo! / Me alegro de que les haya gustado)

*****

3.- POSTRES, CAFÉS Y LICORES (DESSERTS, COFFEE & LIQUOR):

Una vez retirados los segundos platos, pasamos al postre siguiendo las mismas pautas que con los platos anteriores:

W: Would you like some dessert? / What can I get you for dessert? / What are you having for dessert?

(¿Querrían algo de postre? / ¿Qué les puedo traer de postre? / ¿Qué van a tomar de postre?)

C: Yes, can we see the menu please? / What do you have for dessert? / What is the dessert that comes with the Menu?

(Si, ¿podemos ver la carta, por favor? / ¿Qué tienen de postre? / ¿Cuál es el postre que viene con el Menú?)

W: For dessert we have Chocolate Cake, Carrot Cake, Apple Pie, Chocolate Brownie, Lemon Sorbet, Assorted Ice Cream and Seasonal Fruit Salad. All our desserts are <u>homemade</u> / <u>freshly made</u>. / Your Menu <u>includes</u> / <u>comes with</u> a homemade Raspberry Cheesecake.

(De postre tenemos Tarta de Chocolate, Tarta de Zanahoria, Tarta de Manzana, Brownie de Chocolate, Sorbete de Limón, Helados Variados y Macedonia de Frutas de Temporada. Todos nuestros postres <u>son caseros</u> / <u>están recién hechos</u>. / Su menú <u>incluye</u> / <u>viene con</u> una Tarta de Queso con Frambuesa casera)

C: I´ll have the Carrot Cake, one Apple Pie and one Raspberry Cheesecake, with two spoons, please.

(Yo tomaré la Tarta de Zanahoria, una Tarta de Manzana y una Tarta de Queso con Frambuesa con dos cucharas, por favor)

Al igual que con la comanda de bebidas y de comida, es aconsejable confirmar el pedido. También aprovechamos para preguntar si quieren café o infusiones o algún tipo de licor:

W: Ok, one Carrot Cake, one Apple Pie and one Cheesecake with two spoons. Would you like some coffee?

(Ok, una Tarta de Zanahoria, una Tarta de Manzana y una Tarta de Queso con dos cucharas. ¿Les apetecería un café?)

-CAFÉ E INFUSIONES:

C: Do you have tea? / What tea do you have?

(¿Tienen té? / ¿Qué tés tienen?)

W: Yes we have. We have Red, Black and Green Tea.

(Si tenemos. Tenemos Té Rojo, Negro y Verde)

C: One Red Tea for me, and two Lattes, please. Can I see the Liquor List?

(Un Té Rojo para mí, y dos Cafés con Leche, por favor. ¿Puede traer la Carta de Licores?)

-LICORES Y VINOS DULCES:

C: Can I have scotch <u>neat</u> / <u>with water</u> / <u>on the rocks</u> / <u>with ice</u> / <u>with a splash of water</u>?

(¿Me puede traer un escocés <u>solo</u> / <u>con agua</u> / <u>con hielo</u> / <u>con hielo</u> / <u>con un chorrito de agua</u>?)

W: We have White Label, J&B, Johnnie Walker Red and Black Label.

(Tenemos White Label, J&B, Johnnie Walker Etiqueta Roja y Negra)

C: Could you bring me a Johnnie Walker Red, please? / I´m going to have a Johnnie Walker Red, please.

(¿Me podría traer un Johnnie Walker Etiqueta Roja, por favor? / Voy a tomar un Johnnie Walker Etiqueta Roja, por favor)

C: And a Bombay Gin Tonic, please. Do you have Dessert Wines?

(Y un Gin Tonic de Bombay, por favor. ¿Tienen vinos dulces?)

W: Yes, they are on the <u>Dessert Menu</u> / <u>Wine List</u>.

(Si, están en la <u>Carta de Postres</u> / <u>Carta de Vinos</u>)

C: Here they are. I´m going to have a Pedro Ximénez, please.

(Aquí están. Voy a tomar un Pedro Ximénez, por favor)

W: Ok, so one Johnnie Walker Red with ice, one Bombay Gin Tonic and one Pedro Ximénez. And the two coffees and the tea. Anything else?

(Vale, entonces un Johnnie Walker Etiqueta Roja con hielo, un Gin Tonic de Bombay y un Pedro Ximénez. Y los dos cafés y el té. ¿Algo más?)

C: That´d be all, thanks.

(Eso es todo / Nada más, gracias)

W: I´ll be right back with the desserts, the coffee and the drinks.

(Ahora mismo vuelvo con los postres, los cafés y las bebidas)

-LES OFRECEMOS UNA BEBIDA O CHUPITO DE LA CASA:

W: Let me offer you a complimentary <u>drink</u> / <u>liquor</u>.

(Permítame ofrecerles <u>una bebida</u> / <u>un licor</u> de parte de la casa)

-O:

W: Can I offer you a complimentary drink? / Would you like a shot on the house?

(¿Puedo ofrecerles una bebida de parte de la casa? / ¿Les gustaría un chupito de la casa?)

C: Sure, what do you have?

(Claro, ¿qué tienen?)

W: We have herbal liquor, fruit liquor and coffee liquor. We also have non-alcoholic fruit liquor. Or a glass of wine if you like.

(Tenemos licor de hierbas, licor de frutas y licor de café. También tenemos licores de fruta sin alcohol. O una copa de vino si quiere)

 Para decir que algo es gratis, podemos decirlo de varias maneras, de más elegante a más informal:

- A complimentary drink: *MÁS FORMAL*

   (Una bebida de parte de la casa)

-A drink free of charge: *FORMAL*

   (Una bebida sin cargo)

-A drink on the house: *NEUTRO*

   (Una bebida de la casa)

-A free drink: *INFORMAL*

   (Una bebida gratis)

****

EL PAGO: **THE PAYMENT**

*Después de los postres, cafés y bebidas, llega el momento de traer la cuenta. La cuenta se dice de dos maneras, en Inglés Británico **the Bill**, y en Inglés Americano **the Check**.*

W: Can I bring you anything else? / Do you need anything else?

(¿Les puedo traer algo más? / ¿Necesitan algo más?)

C: Just the <u>bill</u> / <u>check</u>, please. / Could you bring us <u>the bill</u> / <u>the check</u>, please?

(Sólamente la cuenta, por favor. / ¿Podría traernos la cuenta, por favor?)

W: Sure, right away. / I'll be right back with your check. There you go.

(Claro, ahora mismo. / Ahora mismo les traigo su cuenta. Aquí tiene)

<u>-¿ESTÁ INCLUIDA LA PROPINA Y LOS IMPUESTOS?</u>

C: Is Tax and Service included?

(¿Están los impuestos y el servicio incluidos?)

W: Tax is included but service is not. / Yes, there is a 10 percent <u>gratuity</u> / <u>service charge</u> included in the <u>bill</u> / <u>check</u>.

(El impuesto está incluido pero el servicio no / Si, hay un 10 por ciento de <u>propina</u> / <u>cargo</u> de servicio incluido en la cuenta)

-SI ESTAMOS EN UN HOTEL Y PREGUNTAMOS SI HACEMOS EL CARGO A LA HABITACIÓN:

W: Would you like to pay now or would you like me to charge it to your room?

(¿Querría pagar ahora o prefiere que se lo cargue a su habitación?)

C: I´d rather pay now. / I prefer to pay now. / You can charge it to my room: Mr. Branson, room 205.

(Preferiría pagar ahora / Prefiero pagar ahora. / Puede cargarlo a mi habitación: Sr. Branson, habitación 205)

-OPCIÓN TARJETA: CREDIT CARD

C: I´m paying with credit card, please. Do you accept American Express?

(Voy a pagar con tarjeta (de crédito), por favor. ¿Aceptan American Express?)

W: Yes we do. / Sorry, we only accept Visa and Mastercard. I´ll be right back with the <u>machine</u> / <u>reader</u> / <u>swiper</u>.

(Si la aceptamos. / Lo siento, solo aceptamos Visa y Mastercard. Ahora mismo vuelvo con <u>la máquina</u> / <u>el lector</u>)

-LA TARJETA HA SIDO DENEGADA:

W: Sorry, but the card is declined.

(Lo siento, pero la tarjeta ha sido denegada)

C: Could you try it again? / Could you run it again?

(¿Podría intentarlo otra vez? / ¿Podría pasarla de nuevo?)

W: Sure. It worked now. / It went through this time. Might have been a network problem. Do you want a copy? / Here is your copy.

(Claro. Ahora funcionó. / Esta vez si pasó. Habrá sido un problema de red. ¿Quiere copia? / Aquí está su copia)

-O:

W: I´m sorry, it´s declined again. Would you like to try another card?

(Lo siento pero ha sido denegada otra vez. ¿Querría probar con otra tarjeta?)

C: Could you try this one please?

(¿Podría intentar ésta, por favor?)

-OPCIÓN EFECTIVO: CASH

W: Sorry, our reader <u>is broken</u> / <u>doesn´t work</u>, we only accept cash. / We don´t accept Credit Card, only cash.

(Lo siento, nuestro lector <u>está estropeado</u> / <u>no funciona</u>, solo aceptamos efectivo. / No aceptamos tarjeta de crédito, solo efectivo)

C: Do you accept two hundred-euro (200 €) <u>bills</u> / <u>notes</u>?

(¿Aceptan billetes de 200 euros?)

*Billetes: **Bills** (U.S.), **Notes** (U.K.) *

W: Sorry, but we only accept up to one hundred-euro bills. / Sure, no problem. / Let me check, be right back.

(Lo siento, pero solo aceptamos billetes de hasta cien euros. / Claro, no hay problema. / Voy a comprobarlo, ahora mismo vuelvo)

C: Do you have change for a hundred-euro bill, please?

(¿Tiene cambio para un billete de cien euros, por favor?)

W: Sure, how would you like it? Here is your change, sir.

(Claro, ¿cómo lo quiere? Aquí está su cambio, señor)

-CIFRAS Y CANTIDADES DE DINERO: MONEY FIGURES

5,25 €: (Five twenty five / Five euros and twenty five cents)

62,50 €: (Sixty two fifty / Sixty two euros and fifty cents)

100 €: (A hundred /One hundred euros)

135 €: (A hundred /One hundred and thirty five euros)

235,15 €: (Two hundred and thirty five euros and fifteen cents)

-DEJÁNDONOS PROPINA **(LEAVING TIP):**

C: You can keep the change / That´s for you.

(Puede quedarse con la vuelta / Eso es para usted)

W: Thank you very much. / Thank you so much! / I really appreciate it.

(Muchas gracias. / ¡Muchísimas gracias! / Se lo agradezco de veras)

****

LA DESPEDIDA: **THE GOODBYE**

W: Did you enjoy the meal? Did you have a good time?

(¿Han disfrutado de la comida? ¿Han pasado un buen rato?)

C: Yes we did, dinner was great and we really had a lovely time. Could you give our compliments to the chef, please?

(Claro que si, la cena ha sido estupenda y hemos pasado un rato encantador. ¿Podría darle nuestras felicitaciones al chef, por favor?)

W: Sure, I´ll let <u>him</u> / <u>her</u> know you liked it. / Of course, certainly, I´ll tell him on your behalf.

(Claro, le diré que les ha gustado. / Por supuesto, claro que sí, se lo diré de su parte)

*****

C: Service was great, we really liked your service, we will recommend this place to our friends.

(El servicio ha sido fantástico, nos ha gustado su servicio de versa, recomendaremos este sitio a nuestros amigos)

W: So happy to hear that! It was a pleasure to serve you. Pleased to meet you. Come back anytime you want. Have a good night, enjoy the rest of the night. Looking forward to seeing you again. Here is the restaurant card, don't forget to make a reservation.

(¡Como me alegro de oírlo! Ha sido un placer servirles. Encantado de conocerles. Vuelvan cuando quieran. Que pasen buena noche, disfruten del resto de la noche. Espero volverles a ver de nuevo. Aquí tienen la tarjeta del restaurante, no se olviden de hacer una reserva)

C: Thank you, have a good night.

(Gracias, que tenga buena noche)

W: You too. / Same to you. Good night, goodbye, bye.

(Usted también. / Igualmente. Buenas noches, adiós)

****

OTROS REQUERIMIENTOS DURANTE EL SERVICIO

-PEDIR EL BAÑO (ASKING FOR THE RESTROOM / TOILET):

En inglés Americano, el baño se dice **Restroom**, y en inglés Británico se dice **Toilet**. De un modo más genérico, se denomina **Men´s Room** al baño masculino y **Ladies Room** al baño femenino. También podemos referirnos al baño de la manera más común de **Bathroom**.

-DIRECCIONES BÁSICAS:

C: Excuse me, where is the restroom / toilet, please?

(Disculpe, ¿dónde está el baño, por favor?)

W: It is at the back of the hall / room, to /on the left / right. At the end of the hallway. / It´s down the hall, straight ahead to your left. / Second door on the right.

(Está al fondo de la sala / el comedor, a la izquierda / derecha. Al final del pasillo. / Está al fondo de la sala, todo recto a su izquierda. / Segunda puerta a la derecha)

-BAJANDO O SUBIENDO ESCALERAS:

W: It´s downstairs to the right, take the stairs down, and it´s the first door to your left. / It´s upstairs on the first floor. Follow the signs to the toilet.

(Está abajo a la derecha. Baje las escaleras y es la primera puerta a su izquierda. / Está arriba en el primer piso. Siga las indicaciones hacia el baño)

-LE ACOMPAÑAMOS PARA INDICARLE:

W: I´ll show you the way, follow me. It´s right there. That door.

(Le enseño el camino, sígame. Está ahí mismo. Esa puerta)

-ALGÚN BAÑO NO FUNCIONA O HAY ALGÚN PROBLEMA:

W: I´m sorry but the men´s room doesn´t work, it´s out of order. It is clogged. You have to use the other one. / There is a problem with the ladies´room.

(Lo siento pero el baño de hombres no funciona, está fuera de servicio. Está atascado. Tiene que usar el otro. / Hay un problema con el baño de mujeres)

-SI PEDIMOS QUE TENGAN CUIDADO:

W: Watch your step. / Mind your step, it is slippery. / Caution, the floor is wet.

(Cuidado al andar. / Tengan cuidado, está resbaladizo. / Precaución, el suelo está mojado)

-LLEVANDO LOS ABRIGOS AL GUARDARROPA (TAKING THE COATS TO THE WARDROBE):

W: Would you like me to take your coats or jackets, please? Shall I / Can I / May I take your coats to the wardrobe?

(¿Les gustaría que me llevara sus abrigos o sus chaquetas, por favor? ¿Puedo llevarme sus abrigos al guardarropa?)

-PREGUNTAMOS SI QUIEREN QUEDARSE CON ALGUNOS OBJETOS PERSONALES:

W: Would you like to keep / take your wallet or phone? / Would you like to take any belongings before I take the coats?

(¿Les gustaría quedarse / coger su cartera o teléfono? / ¿Quisieran coger algún objeto personal antes de que me lleve los abrigos?)

QUEJAS E INCIDENTES
COMPLAINTS AND INCIDENTS

-CONFUSIÓN DE PLATOS Y EJECUCIÓN INCORRECTA:

C: Excuse me, this is not what I ordered. / I ordered my steak well-done and this is rare. / This entrecotte is undercooked, could you tell the chef to cook it a little more? / I didn´t order the chicken.

(Disculpe, esto no es lo que he pedido. / He pedido mi filete bien hecho y este está poco hecho. / Este entrecote está poco cocinado, ¿podría decirle al cocinero que lo cocine un poco más? / Yo no he pedido pollo)

W: I´m very sorry, there has been a mix up. / You´re right, I´m deeply sorry. I´ll take it back to the kitchen and I´ll bring you the steak well-done. / Sorry about that, I´ll tell the chef to run it by the grill a little more. / Oh that´s right, I´ll bring your Burger right away. Sorry for the confusion.

(Lo siento mucho, ha habido una confusión. / Tiene razón, lo siento profundamente. Lo devuelvo a la cocina y le traigo su filete bien hecho. / Lo siento, le digo al chef que lo pase por la parrilla un poco más. / Oh es cierto, le traigo su Hamburguesa ahora mismo. Disculpe la confusión)

*****

C: Excuse me, this soup is cold.

(Perdone, la sopa está fría)

W: I´m very sorry, I´ll get the chef to warm it up. I´ll be right back.

(Lo siento mucho, se la llevo al chef para que la caliente. Ahora mismo vuelvo)

-RETRASO DE LOS PLATOS:

C: Excuse me, we have been waiting twenty (20) minutes for the starters, how much longer is it going to take? / When are they coming out?

(Disculpe, llevamos 20 minutos esperando por los entrantes, ¿cuánto más van a tardar? / ¿Cuándo van a salir?)

W: Sorry for the delay, I´m going to check with the kitchen and I´ll bring your starters right away / and I´ll be right back.

(Perdón por el retraso, voy a chequear con la cocina _y les traigo los entrantes inmediatamente_ / _y vuelvo enseguida_.

-O ANTES QUE NOS PREGUNTEN:

W: I´m sorry, but there is a 10-minute delay <u>on your starters</u> / <u>on your mains</u>. I´ll bring the dishes as soon as they are ready.

(Lo siento, pero hay un retraso de 10 minutos <u>con sus entrantes</u> / <u>con sus segundos</u>. Les traigo los platos tan pronto como estén listos)

-O SI LOS CLIENTES ESTÁN MOLESTOS POR EL RETRASO, PODRÍAMOS OFRECER BEBIDAS DE PARTE DE LA CASA:

C: Excuse me, we are still waiting for the starters! / Where are the mains?! What´s going on?

(Disculpe, ¡todavía estamos esperando los entrantes! / ¿Dónde están los segundos? / ¿Qué pasa?)

W: Please accept my apologies. / I would like to apologize on behalf of the restaurant. Your <u>starters</u> / <u>mains</u> are coming right up. Let me offer you a round of drinks <u>on the house</u> / <u>free of charge</u> for the inconvenience.

(Por favor acepten mis disculpas. / Quisiera disculparme en nombre del restaurante. Sus <u>entrantes</u> / <u>segundos</u> salen enseguida. Permítanme ofrecerles una ronda de bebidas <u>de parte de la casa</u> / <u>sin cargo</u> por las molestias)

<u>-UNA MESA O CLIENTES RUIDOSOS:</u>

C: Excuse me, could you <u>tell</u> / <u>ask</u> that table to lower their voice, please? They are being too loud! / They are bothering the rest of the tables!

(Disculpe, ¿podría <u>decirle</u> / <u>pedirle</u> a esa mesa que bajen la voz, por favor? ¡Están haciendo mucho ruido! / ¡Están molestando al resto de mesas!)

W: Excuse me, people are complaining <u>about your tone of voice</u> / <u>about the noise</u>. Would you mind keeping it <u>low</u> / <u>down</u>? / Could you keep it down, please?

(Disculpen, la gente se está quejando <u>de su tono de voz</u> / <u>del ruido</u>. ¿Les importaría hablar más bajo? / ¿Podrían hablar más bajo, por favor?)

<u>-SI NO QUEDA MÁS REMEDIO QUE ECHAR A UN CLIENTE:</u>

W: I´m going to have to ask you to leave. / Sorry but you have to leave. / I´m going to call <u>the police</u> / <u>the cops</u> if you don´t leave now!

(Le voy a tener que pedir que se marche / Lo siento pero tiene que marcharse / ¡Voy a llamar a la policía si no se marcha ya!)

-LA CUENTA VIENE EQUIVOCADA:

C: Excuse me, the bill <u>is wrong</u> / <u>is not right</u>. We only had one bottle of wine and you are charging us for two. / We didn´t order the Seafood Fetuccini.

(Disculpe, la cuanta <u>está equivocada</u> / <u>no está correcta</u>. Sólo hemos tomado una botella de vino y nos está cobrando dos. / No hemos pedido los Fetuccini de Marisco)

W: Yes, you are right! Sorry for the confusion, I´ll bring you a new check right away.

(Si, ¡tienen razón! Perdonen por la confusión, les traigo una cuenta nueva ahora mismo)

-EL VINO NO ESTÁ BUENO:

C: Something is wrong with the wine. / This wine <u>is not good</u> / <u>smells funny</u> / <u>doesn´t taste good</u> / <u>tastes horrible</u> / <u>is bad.</u> / I think the wine is corked.

(Algo no está bien con el vino. / Este vino <u>no está bien</u> / <u>huele raro</u> / <u>no sabe bien</u> / <u>sabe horrible</u> / <u>está malo</u>. / Creo que el vino está picado)

W: I´m sorry about that, <u>let me replace the bottle immediately</u> / <u>I´ll bring you another bottle right away</u>.

(Lo siento de veras, <u>permítame cambiarle la botella inmediatamente</u> / <u>ahora mismo le traigo otra botella</u>)

-NO ESTÁ PERMITIDO FUMAR:

W: Excuse me sir, smoking is not allowed <u>in the premises</u> / <u>inside the restaurant</u>. You can only smoke <u>outside</u> / <u>in the patio</u>.

(Disculpe señor, fumar no está permitido <u>en las instalaciones</u> / <u>dentro del restaurante</u>. Sólo puede fumar <u>fuera</u> / <u>en la terraza</u>)

-SI NO ENTENDEMOS ALGO, PEDIMOS QUE NOS LO SEÑALE EN LA CARTA:

W: Excuse me sir, <u>would you mind pointing it</u> / <u>could you point it</u> on the menu, please?

(Disculpe señor, <u>¿le importaría</u> / ¿podría señalarlo en la carta, por favor?)

-¿DÓNDE ESTÁ EL CAJERO MÁS CERCANO?:

C: Excuse me, where is the nearest ATM please?

(Disculpe, ¿dónde está el cajero más cercano, por favor?)

W: Two blocks to the left, crossing the street, there is an ATM. / It´s 100 meters down the street.

(Dos manzanas a la izquierda, cruzando la calle, hay un cajero. / Está a 100 metros calle abajo)

-ABRIR Y CERRAR UNA CUENTA EN LA BARRA:

C: Can we open a tab? / I would like to open a tab, please.

(¿Podemos abrir una cuenta? / Quisiera abrir una cuenta, por favor)

W: Sure, you got it.

(Claro, ya la tiene)

C: I would like to close my tab, please. How much is it?

(Quisiera cerrar mi cuenta, por favor. ¿Cuánto es?)

W: Sure, let me see, it´s 26 euros, please.

(Claro, a ver, son 26 euros, por favor)

-NOS DAN UN BILLETE FALSO:

W: I´m sorry, but I just checked and this is a fake bill. / There is a problem with the bill you gave me. / We can´t accept it, do you have another one?

(Lo siento pero acabo de comprobarlo y éste billete es falso. / Hay un problema con el billete que me ha dado. / No podemos aceptarlo, ¿tiene otro?)

-LLEVARSE COMIDA NO CONSUMIDA A CASA:

C: Excuse me, can I get a box for this, please? / Can I have a doggy bag (Bolsita para el perro = eufemismo)?

(Disculpe, ¿me lo podría poner en una cajita, por favor? / ¿Me lo puede poner para llevar?)

W: Sure, let me take it to the kitchen and I´ll be right back with the box. / We don´t have boxes, but I can wrap it up for you in <u>tin foil</u> / <u>aluminum paper</u>.

(Claro, me lo llevo a la cocina y ahora mismo le traigo la caja. / No tenemos cajas, pero se lo puedo envolver en papel <u>de plata</u> / <u>de aluminio</u>)

<u>OBJETOS PERDIDOS</u> - <u>**UN CLIENTE LLAMA PARA PREGUNTAR SI SE DEJÓ ALGUNA PERTENENCIA EN EL RESTAURANTE:**</u>

C: Hi, I had dinner last night at the restaurant, and I think I left my <u>wallet</u> / <u>glasses</u> / <u>phone</u> / <u>keys</u> there, could you check if you find them, please?

(Hola, cené en el restaurante anoche y creo que me dejé mi <u>cartera</u> / <u>mis gafas</u> / <u>mi teléfono</u> / <u>mis llaves</u>, ¿podría verificar si las han encontrado por favor?)

W: Sure, let me check. Just a minute, please. I´m sorry, but nothing lost was found last night.

(Claro, voy a comprobar. Un minuto, por favor. Lo siento pero anoche no apareció nada perdido)

-O:

W: Hello? There is a wallet here that was found last night. Could you describe it or give me your name to verify it matches the ID card, please?

(¿Hola? Hay una cartera aquí que fue encontrada anoche. ¿Podría describirla o darme su nombre para verificar que concuerda con el carnet, por favor?)

****

LUGARES DE ENTRETENIMIENTO, OCIO Y CULTURA
ENTERTAINMENT AND CULTURAL PLACES:

-LUGARES:

Parques:

The Zoo (El Zoo), **Safari Park** (Safari), **Amusement Park** (Parque de Atracciones), **Theme Park** (Parque Temático), **Retiro Park** (Parque del Retiro), **Aquatic / Water Park** (Parque Acuático / de Agua).

Ocio y Restauración:

Tickets (Entradas), **Bowling Alley** (Bolera), **Casino** (Casino), **Arcade** (Recreativos), **Betting Place** (Local de Apuestas), **Sport Bets** (Apuestas Deportivas), **Hippodrome** (Hipódromo), **Horse Racing** (Carreras de Caballos), **Dog Racing** (Carreras de Perros), **Car Racing** (Carreras de Coches), **Sport Track** (Pista Deportiva), **Race Track** (Pista de Carreras), **Football Stadium** (Estadio de Fútbol), **Bullfight Arena / Plaza / Colisseum** (Plaza de Toros), **Cinema / Movie Theater** (Cine *de sitio*), **Night Club** (Discoteca), **Restaurant** (Restaurante), **Bar** (Bar), **Coffe Shop** (Cafetería *tipo Starbucks*), **Cafeteria** (Cafetería).

Museos:

Museums (Museos): **Natural Science** (Ciencias Naturales), **Wax** (Cera), **Archeology** (Arqueológico), **Naval** (Naval), **Army** (Ejército), **Aircraft** (Del Aire), **Art** (Arte), **Modern Art** (Arte Moderno), **Fine Arts** (Bellas Artes), **Currency** (Moneda).

Artes y Espectáculos:

TV Series / TV Show (Serie de Televisión), **Theatre** (Teatro), **Opera House** (Teatro de la Ópera), **Auditorium** (Auditorio), **Flamenco Show** (Show Flamenco), **Concert Venue** (Sala de Conciertos), **Show Venue** (Sala de Espectáculos), **Comedy Venue** (Sala de Comedia).

Sitios Oficiales:

Congress / Senate (Congreso / Senado), **City Hall / Town Hall** (Ayuntamiento), **Royal Palace** (Palacio Real), **Embassy** (Embajada), **Consulate** (Consulado), **Ministry** (Ministerio).

Transporte:

Bridge (Puente), **Road** (Carretera), **Freeway** (Autovía), **Highway / Expressway** (Autopista), **Toll** (Peaje), **Car Rental** (Alquiler de Coches), **Train Station** (Estación de Tren), **High Speed Train** (AVE-Tren de Alta Velocidad), **Metro / Subway / Underground Station** (Estación de Metro), **Airport** (Aeropuerto), **Bus Stop** (Parada de Autobuses), **Double-Decker Bus** (Autobús de Dos Pisos), **Tourist Bus** (Autobús Turístico), **Tour Guide** (Guía Turístico), **Taxi Stop** (Parada de Taxis), **River Boat Tours** (Tours en Barco por el Río), **City Tours** (Recorridos por la Ciudad), **Historical Tours** (Recorridos Históricos).

Edificios Religiosos:

Church (Iglesia), **Monastery** (Monasterio), **Cathedral** (Catedral), **Romanic Church** (Iglesia Románica), **Abbey** (Abadía), **Convent** (Convento), **Cemetery** (Cementerio).

Tiendas:
Store / Shop (Tienda), **Shopping Center / Mall** (Centro Comercial), **Food Court** (Zona de Restauración en un Centro Comercial), **Department Store** (Tienda de Departamentos *tipo El Corte Inglés*), **Convenience Store / Corner Shop** (Tienda de Alimentación Tipo "Chino"), **Supermarket** (Supermercado), **Street Market** (Mercado), **Flea Market** (Mercadillo), **Second-Hand Store / Thrift Shop** (Tienda de Segunda Mano).

Lugares Públicos y Monumentos:
Exchange Office (Oficina de Cambio), **Sights** (Monumentos, Vistas), **Monuments** (Monumentos), **Statue** (Estatua), **Building** (Edificio), **City Center / Downtown** (Centro de la Cuidad), **Old Town** (Casco Viejo), **Town Square** (Plaza Mayor).

Ferias, Eventos y Convenciones:
Medieval Fair (Feria Medieval), **Real Estate Event** (Evento Inmobiliario), **Convention** (Convención).

-PREGUNTANDO DIRECCIONES:

C: Excuse me, how do I get to the Santiago Bernabéu Stadium? / Which way is to the Congress? / Where is the nearest Bus Stop?

(Disculpe, ¿cómo hago para ir al Estadio Santiago Bernabéu? / ¿En qué dirección está el Congreso? / ¿Dónde está la parada de autobús más cercana?)

W: You have to take the blue line in Tribunal Station, until the Santiago Bernabéu Station. / Take this street down and you will find it on your left. / The nearest Bus Station is in Banco de España, it´s a 10 minute walk from Sol.

(Tiene que coger la línea azul en la estación de Tribunal hasta la estación de Santiago Bernabéu. / Coja ésta calle hacia abajo y se lo encontrará a su izquierda. / La estación de autobuses más cercana está en Banco de España, está a 10 minutos caminando desde Sol)

-PAÍSES Y NACIONALIDADES DEL MUNDO:

EU-European Union / European (UE-Unión Europea / Europeo), **Spain / Spanish** (España / Español), **Netherlands-Holland / Dutch** (Países Bajos-Holanda / Holandés), **Greece / Greek** (Grecia / Griego), **Norway / Norwegian** (Noruega / Noruego), **Sweden / Swedish** (Suecia / Sueco), **Denmark / Danish** (Dinamarca / Danés), **Finland / Finnish** (Finlandia / Finés), **Iceland / Icelandic** (Islandia / Islandés), **Russia / Russian** (Rusia / Ruso), **Poland / Polish** (Polonia / Polaco), **Switzerland / Swiss** (Suiza / Suizo), **Luxembourg / Luxemburgian** (Luxemburgo / Luxemburgués), **Belgium / Belgian** (Bélgica / Belga), **Austria / Austrian** (Austria / Austríaco), **Portugal / Portuguese** (Portugal / Portugués), **Croatia / Croatian** (Croacia / Croata), **France / French** (Francia / Francés), **Wales / Welsh** (Gales / Galés), **UK-Britain / British** (Reino Unido-Gran Bretaña / Británico), **England / English** (Inglaterra / Inglés), **Ireland / Irish** (Irlanda / Irlandés), **Scotland / Scottish** (Escocia / Escocés), **Germany / German** (Alemania / Alemán), **Italy / Italian** (Italia / Italiano), **Serbia / Serbian** (Serbia / Serbio), **Hungary/ Hungarian** (Hungría / Húngaro), **Romania / Romanian** (Rumanía / Rumano), **Turkey / Turkish** (Turquía / Turco), **Syria / Syrian** (Siria / Sirio), **Iran / Iranian** (Irán / Iraní), **Irak / Iraqi** (Iraq / Iraquí), **Egypt / Egyptian** (Egipto / Egipcio), **Israel / Israeli** (Israel / Israelita), **Afghanistan / Afghan** (Afganistán / Afgano), **UAE-United Arab Emirates-Saudi Arabia / Saudi Arabian** (EAU-Emiratos Árabes Unidos-Arabia Saudí / Saudita) **USA-United States / American** (Estados Unidos / Americano), **Hawaii / Hawaiian** (Hawai /

Hawaiano), **Mexico / Mexican** (Méjico / Mejicano), **Peru / Peruvian** (Perú / Peruano), **Brazil / Brazilian** (Brasil / Brasileño), **Argentina / Argentinian** (Argentina / Argentino), **Paraguay /Paraguayan** (Paraguay / Paraguayo), **Chile / Chilean** (Chile / Chileno), **Uruguay / Uruguayan** (Uruguay / Uruguayo), **Panama / Panamanian** (Panamá / Panameño), **Venezuela / Venezuelan** (Venezuela / Venezolano), **Cuba / Cuban** (Cuba / Cubano), **Puerto Rico / Puerto Rican** (Puerto Rico / Puertorriqueño), **Bolivia / Bolivian** (Bolivia / Boliviano), **Colombia / Colombian** (Colombia / Colombiano), **Ecuador / Ecuadorian** (Ecuador / Ecuatoriano), **Nicaragua / Nicaraguan** (Nicaragua / Nicaragüense), **Haiti / Haitian** (Haití/Haitiano), **Dominican Republic / Dominican** (República Dominicana / Dominicano), **Jamaica / Jamaican** (Jamaica / Jamaicano), **Canada / Canadian** (Canadá / Canadiense), **Africa / African** (África / Africano), **South Africa / South African** (Suráfrica / Surafricano), **Kenya / Kenyan** (Kenia / Keniata), **Tanzania / Tanzanian** (Tanzania / Tanzanio), **Morocco / Moroccan** (Marruecos / Marroquí), **Nigeria / Nigerian** (Nigeria / Nigeriano), **Ghana / Ghanese** (Ghana / Ghanés), **Ivory Coast / Ivorian** (Costa de Marfil / Marfileño), **Cameroon / Cameroonian** (Camerún / Camerunés), **Asia / Asian** (Asia / Asiático), **Japan / Japanese** (Japón / Japonés), **Philippines / Philippine-Filipino** (Filipinas / Filipino), **China / Chinese** (China / Chino), **Korea / Korean** (Corea / Coreano), **Vietnam / Vietnamese** (Vietnam / Vietnamita), **Thailand / Thailandese** (Tailandia / Tailandés), **Australia / Australian** (Australia / Australiano), **New Zealand / New Zelander** (Nueva Zelanda / Neozelandés), **India / Indian** (La India / Hindú), **Pakistan / Pakistani** (Paquistán / Paquistaní).

Cristina Balestrini, formadora y diseñadora de cursos en inglés con más de diez años de experiencia en el sector de la formación de idiomas. Se ha dedicado profesionalmente a enseñar y ayudar a miles de personas a mejorar su nivel de inglés, para trabajar en sectores específicos. Ha impartido cursos intensivos de inglés para camareros en una prestigiosa escuela de restauración en Madrid. Su pasión es enseñar a sus alumnos a desenvolverse con confianza en este idioma, haciéndoles el camino del aprendizaje más fácil y agradable.

VALORACIONES Y OPINIONES DE ALUMNOS

Extraídas de la sección de Opiniones del perfil público de los autores en el portal TUS CLASES PARTICULARES:

José Luis Martínez Herradon - 27 sep 2021
Estoy encantado con Nash como profesor. Me siento muy cómodo en sus clases y se me hacen muy amenas, aparte del aprendizaje que adquiero y la mejora que he visto en mi nivel. Recomiendo a Nash al 100%, de hecho se lo he recomendado a varios amigos y conocidos. Un acierto.

Francy - 04 feb 2019
Excelente metodología muy agradables sus clases

Asis Alonso - 18 nov 2018

Es ameno y sabe hacer las clases entretenidas

yaxeny - 18 nov 2018

muy bien, muy práctico aprendimos muchas cosas

Emiro Aguilera - 05 nov 2018

Es un man divertido, sus clases son muy eficientes y llena de mucha carisma. great teacher!!!!!!

Gabriel - 30 oct 2018

Las explicaciones han sido muy completas y fáciles de entender. El ritmo de trabajo ha sido bastante intenso, pero con su ayuda se pudo sobrellevar bien.

Lidia Leiva - 30 oct 2018

Muy paciente y te brinda lindos métodos de estudio

Cristian - 01 ago 2018

Muy claro y didáctico para enseñar. Muy buen teacher.

Mariusz Jacek Chyb - 30 jul 2018

Clases muy prácticas e interesantes. Totalmente recomendable

Adelina - 28 jul 2018

Excelente! En tan poco tiempo aprendí un montón de cosas! Muchas gracias de verdad.

Ana Isabel Castañeda - 27 jul 2018

Explica muy bien... yo era negada para esto y he conseguido aprender

Chus Santos - 27 jul 2018

Puntual, buena gestión de grupo, buen profesional. 100% recomendable

Alexid - 12 jul 2018

Responsable, entretenidas sus clases

Jeronimo - 20 jun 2018

Unas clases muy útiles y divertidas

Alfredo Oliva - 09 jul 2018

Lo mejor es que puedes hablar de cualesquier tema con él, lo que hace las clases muy entretenidas y llevaderas, a la vez que aprendes a expresarte!

Ignacio Trigueros Apraiz - 21 jun 2018

Un gran profesor. Hace muy fáciles las clases, es ameno, divertido y sus comentarios son siempre interesantes. Recomendable 100%.

Isabel García Gismera - 21 jun 2018

Excelente profesor, didáctico y motivador.

Ricardo - 20 jun 2018

Llevo casi tres años dando clases con Nash y la verdad que ha sido todo un gusto, ha conseguido que adquiera un buen nivel de inglés, sobre todo en conversación. Es profesional, puntual y una persona muy divertida y agradable. Ha hecho que todas las clases fueran amenas creando una atmósfera muy agradable en la que trabajar y proporcionándome muy buenos ejercicios tanto a nivel de gramática como a nivel conversación. Ha sido todo un honor y un gusto tenerlo como profesor. Espero que le vaya muy bien en su trayectoria puesto que a mi parecer se lo ha ganado.

Javier Gómez Guillamón - 20 jun 2018

Muy buena experiencia. Gran Profesor

Lucas Pereiro - 20 jun 2018

Nash es muy buen profesor, tiene muy buena conversación y las clases con él son muy amenas. Se preocupa de ir progresando en las clases y mi valoración es muy positiva.

Pepa Aljaro Peña - 20 jun 2018

Sus clases son muy dinámicas y divertidas. Siempre se ajusta a las necesidades del alumno. Y es muy puntual!

Jonnel Sanchez - 16 jun 2018

Buen profesor, bastante fluido.

Jhon Alexander - 16 jun 2018

Muy buen profesor con clases didácticas y participativas

Rafael Florentin - 16 jun 2018

Excepcional .Es un gran profesor los recomiendo y lo haré siempre por su paciencia conmigo ya que mi inglés partía de cero!! con buen sentido del humor y profesionalidad

Jailin - 15 jun 2018

Muy buen profesor lo recomiendo

Samuel - 15 jun 2018

Buen profesor y majete

Rafael Alamillo Romero - 15 jun 2018

Excelente Profesor .Las clases son divertidas , entretenidas y aprendes a no tener esa vergüenza por no saber inglés ..!! Recomiendo sus clases. THANKS and GREETINGS, Nash.

Oscar Giraldo - 15 jun 2018

Thank you very much teacher for teaching us in this short week, we will miss you so much

Braian - 15 jun 2018

The best English teacher, we will miss him

ANA - 12 jun 2018

Clases muy amenas y participativas. Muy buen profesional

Raul Suberviola - 12 jun 2018

Very nice and professional English teacher. Always trying to reach the best of his students

Ivan - 11 jun 2018

Las clases con Nash son una maravilla, te ayuda y sobre todo te hace que pierdas la vergüenza con el inglés y te sueltes en la conversación. Un profesor de 10.

Teresa Madrid - 06 jun 2018

Clases muy amenas, tocando temas variados y de actualidad, y con la oportunidad de hablar mucho.

Mar - 04 jun 2018

Nash es un excelente profesor de inglés, y con mucha experiencia. Las clases son siempre muy amenas, las adapta a las necesidades e inquietudes de cada estudiante, y los temas con los que se trabaja son muy diversos, muy actuales y te obligan constantemente a mejorar proponiendo ideas de mejora, actividades, lecturas, películas, etc.. Lo recomiendo enormemente, si quieres mejorar tu inglés!!

Isabel García Gismera - 03 jun 2018

Excelente profesor, didáctico y empático. Las clases son muy útiles y amenas

Santiago Lizarraga Bonelli - 02 jun 2018

Magnífica persona y excelente profesional. Método innovador, atractivo con el que notas como vas avanzando en cada sesión de trabajo

Isabel Echarri - 28 may 2018

Las clases son muy dinámicas, trabajando temas de actualidad, tanto escritos como orales. Fomenta la participación del alumno con ejercicios prácticos, incluyendo listening. Se ajusta a la perfección a las necesidades del alumno.

Jose Piñeiro - 27 may 2018

La experiencia ha sido muy positiva y sus clases han sido siempre dinámicas

----

Chema Huelamo - 25 may 2018

Cada clase es una aventura, temas nuevos, nuevas dinámicas, consejos continuos para fortalecer debilidades y de una manera dinámica se toca desde la gramática hasta la pronunciación llevando el inglés a nuestro día a día. Por otro lado y muy importante también la flexibilidad de horarios y capacidad de adaptación para los problemas que personalmente tengo en el trabajo.

M.Jose - 25 may 2018

excelente profesor, responsable y buena planificación de las clases.

Rafael - 25 may 2018

Fantásticas sus clases, muy buen profesor.

Susana Ranilla - 25 may 2018

Clases muy amenas y completas.

Raúl Gacio - 24 may 2018

Gran profesor. Sus clases resultan amenas y divertidas, lo que ayuda a crear un buen ambiente de estudio.

Almudena - 24 may 2018

Se trabajan todos los contenidos: speaking, listening, grammar, vocabulary... Siempre trae a las clases temario de actualidad, con noticias a la orden del día.

LISTA DE ACREDITACIONES DE IMÁGENES EN EL MANUAL:

FREEPIK.COM:

Luis_molinero: Portada, Página 9.

Kues: Página 108

Numberone9018: Página 77

Freepik.com: Página 44, Página 55

ENGLISH WILLEASY.COM: Páginas 47-49

WINEFOLLY.COM: Páginas 63-69

PINTEREST.COM: Página 74

BEERACCS.COM: Página 75

IDEAL HOME GARDEN: Página 76

THEAWESOMEDAILY.COM: Página 81